懐かしい
沿線写真で訪ねる

近鉄名古屋線
街と駅の1世紀

牧野和人

昭和の
街角を
紹介

撮影：岩堀春夫

昭和40年代に登場した近鉄特急を代表する顔を持つ12200系。製造から40年余りを経た現在も特急運用で活躍中。桑名付近、平成6年。

アルファベータブックス

CONTENTS

伊勢電気鉄道の路線図

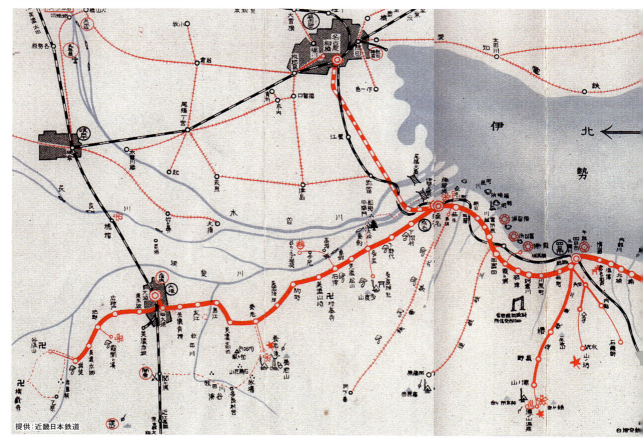

提供:近畿日本鉄道

近畿日本鉄道名古屋線を中心に、三重交通の鉄道線、旧伊勢電気鉄道からの継承路線等が健在だった頃の路線図。三重県下の鉄道が最も華やか
に路線網を展開していた時代で、名古屋、大阪と宇治山田を結ぶ直通列車が走り、どこへ行っても小さな電車の姿を見られる良き時代だった。

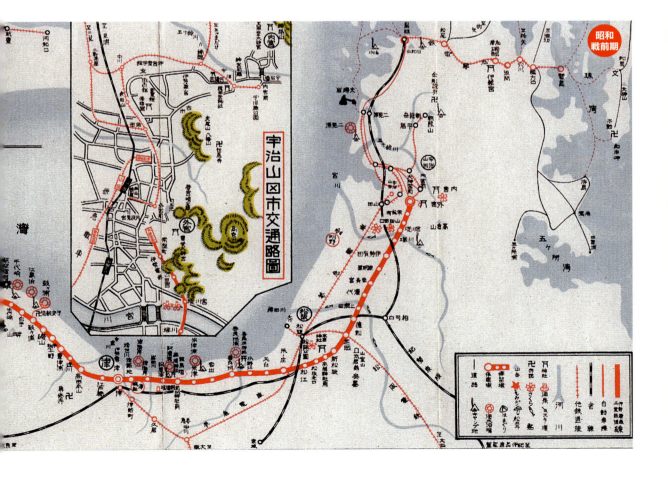

まえがき

　愛知県名古屋市の近鉄名古屋駅と三重県松阪市の伊勢中川駅を結ぶ近鉄名古屋線は、三重県下の中核都市四日市市、津市と名古屋方面を結ぶ通勤通学をはじめとした生活路線として、沿線住民の頼れる足となっている。また、名古屋から伊勢志摩へ直通する特急列車の通り道として、「しまかぜ」をはじめとした多彩な特急列車の姿を楽しめる側面も持つ。特急といえば、名古屋〜大阪間を2時間余りで走破する「アーバンライナー」を忘れるわけにはいかない。

　今日、多種多様な列車が行き交い、三重県随一の幹線鉄道として隆盛を極めている近鉄名古屋線。しかし、名古屋までの鉄路が築かれるまでには、資本の異なる鉄道会社が糸を紡ぎ上げるように少しずつ線路を延長した。また、厳しい懐ろ具合から工夫、工面して県境を流れる木曽三川に長大な橋を架けた。四日市の市街地には、路面電車と見まごうほどの急曲線が連なり、武骨な表情の古典電車が走っていた。

　そんな名古屋線に近代化への弾みをつけたのは、皮肉にも東海地区に甚大な被害を及ぼした昭和34年の伊勢湾台風だった。それまでも、狭軌であった名古屋線の標準軌化工事を進めていた近鉄は、浸水等で被災した線路の復旧工事と共に標準軌化工事を行った。そして被災した年の11月27日に全線の標準軌化を完了した。大阪線、山田線と直通運転ができるようになり、車両、施設の近代化は加速度的に進んでいった。一時期は旧型車の終の棲家などと揶揄されたこともあったが、平坦区間が多い路線ならではの専用車が投入され、私鉄電車の本場である東京、大阪の電車と遜色ない高性能車が現在の主力になっている。

　一方、駅施設は主要駅、交通混雑区間での高架化進む一方、需要が低い駅の無人化や、構内踏切が健在な、今ではレトロと称される駅も散見される。日々変わりゆく鉄道の姿を一つずつ駅に降りて眺めてみるのも一興だ。

　本書では複雑な歴史に育まれた名古屋線を遠い日に撮影した写真を満載している。鉄道史と共に人生を歩む壮年の方には懐かしいあの頃を。現世代の趣味人には憧れの時代を堪能していただけたら幸いである。

尾張大橋の碑が掲げられた木曽川橋梁を渡る。橋梁等は隣を走る国有鉄道関西本線で使用されていたもの。老朽化による架け替えで伊勢電気鉄道に払い下げられた資材は、名古屋線の末端区間を建設した参宮急行電鉄が活用した。狭軌時代の名古屋線を代表する構造物である。

名古屋線・湯の山線・鈴鹿線

狭軌鉄道で延伸を重ねて昭和13年に念願だった名古屋乗り入れを果たした近畿日本鉄道の前身関西急行電鉄。以降、名古屋線は三重県下の主要都市と名古屋を結ぶ沿線住民の生活路線、そして伊勢神宮のお膝元、山田線の宇治山田方面へ直通する観光路線として、今日まで公共交通機関としての使命を果たしている。ここでは、沿線に続く大小の街へ建設されていった駅を訪ねながら、狭軌時代からの古参車両が標準軌台車に履き替えて頑張っていた昭和30年代の画像や、地上に平屋の駅舎が建ち、主要駅にも構内踏切が普通にあった、近代化より少し前の姿を湯の山線と鈴鹿線を含め見てみたい。

江戸橋駅が津線と名古屋線の連絡駅であった時代の名残でもあるかのように、今日も多くの設定がある白塚～伊勢中川駅間の区間普通列車。終点に向かって快調に飛ばす桃園～伊勢中川間は、三重県下の大河雲出川の流域に開けた広大な田園地帯となっている。

Kintetsu-Nagoya St.

近鉄名古屋

名古屋線開業で参詣路線の玄関に。名阪・名伊特急が毎時発車。
街の拠点にして関東に向いた集客口。

【近鉄名古屋駅】

開 業 年	昭和13（1938）年6月26日
所 在 地	名古屋市中村区名駅1－2－2
キ ロ 程	0.0km（近鉄名古屋起点）
駅 構 造	地上駅
ホ ー ム	4面5線
乗 車 人 員	59,992人

昭和48年

撮影：岩堀春夫

🔵近鉄の長距離普通列車

宇治山田行きの普通列車が1番線で発車を待つ。
100キロメートル超のロングラン運行が始まる。

昭和43年

撮影：岩堀春夫

🔵名古屋駅前

中京の大都会、名古屋市の玄関口となっている名古屋駅前の姿である。近鉄名古屋駅は、
国鉄駅の地下に昭和13年、関急名古屋駅として誕生している。

平成25年

撮影：牧野和人

🔵名鉄への渡り線跡

出発信号機が設置されている1番線の伊勢中川方。
この付近に名古屋鉄道との渡り線があった。

名古屋から近鉄特急で伊勢志摩へ

　近鉄名古屋駅は、私鉄最長の路線網をもつ近鉄「東
の玄関口」。JR東海、名古屋鉄道、名古屋市営地下鉄等、
他社の鉄道駅と連絡する拠点駅は近鉄名古屋線の起終
点に当たる。名古屋線の列車はほぼ全て当駅を起点に
運行している。近鉄名古屋駅は旅行者にとって、伊勢志
摩や大阪方面へ向かう旅が始まる場所であり、毎日の通
勤・通学の利用者には大都市名古屋へ向かう「上り列車」
の到着地でもある。

　平成28（2016）年に三重県の賢島で先進7か国会議首
脳「伊勢志摩サミット」が開催された。それに先立つ平
成27年の夏、近鉄が伊勢志摩の宣伝広告を、JR東日本の
列車内に貼り出した。そこには「東京から伊勢志摩へ
は新幹線と近鉄特急で」という一文が躍る。白黒模様
の東海道新幹線上に名古屋駅。そこから、オレンジ色の

近鉄路線が下に延びる。伊勢志摩方面への旅行者にとっ
て、名古屋で新幹線から近鉄に乗り換えるルートがすっ
かり定着している様子を、如実に表しているような図で
あった。

　国鉄時代に東京と鳥羽を結ぶ寝台列車は廃止され、夜
行バスも一夜の宿としては窮屈さをぬぐえない中で、そ
の気になれば日帰りさえ可能な新幹線～近鉄特急のラ
インは、迅速かつ快適な旅を約束してくれる。

　昭和初期の大阪電気軌道が、首都圏の鉄道利用者まで
を取り込むべく名古屋進出を目論んでいたかは定かで
ない。しかしながら、昭和13（1928）年6月26日に桑名～
名古屋間が開通して、宇治山田駅まで自社路線で行き来
できるようになったときから、近鉄名古屋駅は名実とも
に旅行者をお伊勢さんへ誘う玄関口としての機能をも
つようになったのである。

古地図探訪

昭和28年

まだ名古屋市電が走っていた頃の名古屋駅、近鉄名古屋駅周辺の地図である。名古屋市営地下鉄の最初の開通（現・東山線）は昭和32年であり、どの路線も開業していない。現在、名古屋駅の東側で使用されている住居表示の「名駅」が誕生するのは昭和52年であり、この当時は米屋町、西柳町、花車町などの地名が使用されている。

駅から東に延びる桜通には現在、地下鉄桜通線が通っている。駅の北側を東西に延びているのは、外堀通であり、この当時は東側を名古屋市電が走っていた。駅前の名古屋中央郵便局は、JPタワー名古屋、KITTE名古屋となっている。

需要の急増に対応した増床、増線

　開業時の駅名は「関急名古屋」。津〜四日市〜桑名間で鉄道を運営していた伊勢電気鉄道が取得していた敷設免許を、参宮急行の子会社だった関西急行電鉄が引き継いで建設した。その後、大阪電気軌道を軸にした会社合併が繰り返されるうちに、「参急名古屋」、再び「関急名古屋」と改称し、昭和19年の近畿日本鉄道成立時に「近畿日本名古屋」となった。現在の「近鉄名古屋」に改称したのは昭和45年3月1日のことである。

　広大な鉄道用地をもっていた国鉄名古屋駅と、新名古屋駅の建設を計画していた名古屋鉄道に連絡するため、参急の駅は最初から名古屋駅の地下に建設された。方

向転換を要しないリバースループ線の設置も考案されたが、行き止まり構造の2面3線構造に落ち着いた。

　昭和30年代に入ると、高度経済成長の好景気に押されて鉄道利用者が急増。そして昭和34年に名古屋線が標準軌化されると、10100系「新ビスタカー」での名阪ノンストップ特急の運転が始まり、従来の駅構内では列車を捌くのに手一杯の状態が続いた。昭和42年12月1日、構内の西側に2面2線のホームが完成して朝夕の列車増発に対応できる構えとなった。

　ホームに建つ柱は、従来からの部分が円柱であるのに対して増床部分は角柱なので、現在でも容易に見分けることができる。この工事で、構内は従来の約2.5倍に拡幅

昭和
37年

安全第一
大成建設

名古屋駅前の空撮

名古屋駅の駅前東側、桜通口、広小路口付近の空撮写真で、奥には名古屋市街は広がり、駅前広場付近には名古屋市電やボンネットバス（市バス）の姿も見える。名古屋駅が面しているのは名駅通、駅前から東に延びるのは桜通である。駅前広場を挟んだ左手には、昭和40年の竣工に向けて工事が進められていた大名古屋ビルヂングがある。右奥の海水浴姿の親子の大きな看板が見えるビルは、名鉄百貨店本店である。

蟹江町

弥富市

桑名市

朝日町

川越町

四日市市

菰野町

鈴鹿市

津市

松阪市

撮影：岩堀春夫

◎国鉄名古屋駅の 懐古風景

旧国鉄関西本線のホーム上から新幹線ホーム方を望む。愛知県下の稲沢機関区には比較的晩年まで多くの蒸気機関車が配置され、関西本線の貨物列車等を牽引していた。

平成6年

撮影：岩堀春夫

◀近鉄名古屋駅 構内の窓口

5つの窓口を備える特急券売り場は、地下階改札口の正面に設置されている。窓口の右手には特急券の自動販売機も見える。終日、利用客の姿が絶えない様子は今日と変わりない。

された。また、増床部分の北側に設けられたJR線との連絡改札口は、昭和44年の開設である。JR側が改札口からすぐに構内自由通路へ上がる階段とエスカレーターが続いているのに対して、近鉄側は増床部分を生かして団体客にも対応できよう、余裕あるスペースが確保されている。

駅近くでの駅地下探訪も楽しい

当初から隣接する鉄道との連絡を念頭において建設された駅だけに、JRはもちろん、後から建設された名鉄、地下鉄の駅とも、乗り換えに便利な導線が張り巡らされている。

同じ近鉄と新幹線との連絡駅である京都では、両駅の改札口が近くで向かい合っている。新幹線と並行区間のない京都口の路線図が頭に浮かぶ。

改札口は4か所あり、名古屋市地下鉄東山線方面等に通じる地下中央改札口が、利用者の過半数を占める。続いてJR、名鉄との連絡改札口、近鉄ビルパッセに出る正面改札口の順になるという。中央改札口からは地下鉄桜通線へ続く通路にも出られるが、朝夕を除くとやや閑散としている時間帯もある。

一方、東山線界隈にはテルミナ、メイチカ、ユニモール等の地下街が広がっている。地下鉄の駅を含めて、終日賑わう通りでは、味噌カツやあんかけスパゲティ等、気軽に名古屋独特の味を楽しめる店も多い。地域ぐるみの特盛サービスが有名な、喫茶店の「モーニング」を注文するのも、遠来者にとっては名古屋らしさを体験する機会になるだろう。駅から地上に出て名駅通りを渡った辺りには、1日中「モーニング」を提供している名物店もある。

隣接するJRタワーズに出店している百貨店「JR名古屋タカシマヤ」にも徒歩数分で行くことができる。地下階には地元の名店が軒を連ねる。そして鉄道旅に忘れてならないのが駅弁。私鉄駅では珍しく、地下改札口付近の売店では種類豊富な弁当を選ぶことができる。

名古屋市

蟹江町

弥富市

桑名市

朝日町

川越町

四日市市

菰野町

鈴鹿市

津市

松阪市

昭和43年

撮影：荻原三郎

☝名古屋駅前

名古屋駅前の名駅通りを走る名古屋市電の姿を見られたのは昭和47年3月まで。駅付近にはいくつもの待機線が設けられ、ターミナルの風情があった。

昭和48年

撮影：岩堀春夫

▶近鉄名古屋駅の改札

地下ホームと直結している改札口付近。ラッチでの職員による出入札と自動改札機が併用されていた時代で、自動券売機で発券された切符の裏面にはこげ茶色のコーティングが施されていた。

平成6年

撮影：岩堀春夫

▶近鉄名古屋駅

近鉄パッセビル。後ろにはJR名古屋駅のツインタワーが聳える。

◀名鉄名古屋駅ホーム

「伊勢志摩ライナー」のデビューポスターが貼られた柱は、構内拡張後に建設された角形。特急発着線の12200系は翼をイメージしたヘッドサインを掲げる。時代の流れが混ざる構内の一駒。

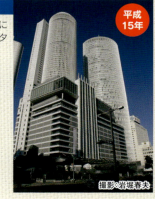

平成15年

撮影：岩堀春夫

11

Komeno St. / Kogane St.

米野、黄金
<ruby>米<rt>こめ</rt></ruby><ruby>野<rt>の</rt></ruby>、<ruby>黄<rt>こ</rt></ruby><ruby>金<rt>がね</rt></ruby>

特急が待機する車庫と間近の米野駅
転車台傍を近鉄特急が通る黄金駅

平成25年

◐米野付近から名古屋中心部を望む

米野車庫の傍らを「アーバンライナー」が通り過ぎて行く。背景には貨物列車を牽引するDD51重連の姿も。複雑に入り組んだ各社の線路を多彩な列車が駆ける。

撮影：牧野和人

昭和41年

◐米野駅ホーム

構内の道路側に米野区へと延びる出入区線がある構内配線は現在も変わらない。昭和40年代始めには、荷物合造車が新聞輸送等を兼ねて旅客列車に組み込まれていた。

提供：近畿日本鉄道

下りホームからJR車両を見る

　名古屋駅を発車した列車が地下区間から地上へ出て、最初に現れるのが米野駅。線路の南側に広大なJR東海の名古屋車両区を望む。昭和13（1938）年6月26日、関西急行電鉄名古屋〜桑名間の開業時に開設され、昭和19年6月1日に近畿日本鉄道の駅となった。名古屋側に富吉検車区米野車庫が隣接する。また、並行するJR関西本線、名古屋高速臨海鉄道あおなみ線との間にJR名古屋車両区があり、駅界隈は各社の線路が密集している。

　構内の北側に駅舎がある。地上に単式ホーム1面1線、島式ホーム1面2線を備え、駅舎と各ホームは構内踏切で結ばれている。1番線は下り列車で2番線は上り列車用。いずれも普通列車のみが停車する。駅舎側の3番線は車庫へ出入りする回送列車等が使う。駅の周辺は小さな寺院が点在する古くからの住宅街で、名古屋駅側に近鉄、JRの構内を跨ぐ長い歩道陸橋があり、あおなみ線ささしまライブ駅と連絡している。また、名古屋駅構内の南端部に当たる太閤通りまでは600メートルほど離れている。

太平洋戦争下で営業を休止

　名古屋高速5号万場線と一般道の環状線が線路を跨ぎ、多重の立体交差をかたちづくる場所に黄金駅がある。隣の米野駅までは1キロメートル。烏森駅までは700メートルと短い駅間の真ん中に位置する。戦時下の昭和20（1945）年6月1日には営業を休止したが、昭和22年3月1日に再開を果たした。構内の南側にはJR名古屋車両区の構内線が並んでいる。

　また、烏森駅側にはJR東海名古屋工場の大きな車庫が建っている。黄金駅側に架かる環状線黄金橋を渡って、ショッピングセンターや大規模な公営団地が建つ大須通りへ行くことができる。

　黄金駅側の環状線付近には自動車部品関連の工場、会社が立ち並び、駅も朝夕は通勤客で込み合う。定期券の利用者は全体の6割程度を占める。近年では自動車王国名古屋という土地柄から、都心部の駅にも関わらず、駅の利用者数は昭和50年代の最盛期に比べ、半分以下に落ち込んだ。そうした状況を踏まえ、平成26（2014）年12月21日に無人化されている。

🔼米野駅

簡素な造りの米野駅の駅舎。各ホームとは構内踏切で連絡している。

◀黄金駅の全景

複線の駅としてはシンプルな構造の黄金駅。駅舎とホーム待合室はこぢんまりとした姿。背景の巨大な国鉄名古屋工場とは対照的だ。

提供：近畿日本鉄道

🔼黄金駅

名古屋高速5号万場線の下に位置する黄金駅の駅舎。ホーム間の連絡は地下道を利用する。

▶米野車庫に並ぶ近鉄特急

米野車庫は上り列車の運用を終え、引き上げてきた列車が、次の運用に向けて整備される間、しばし足を休める癒しの庫となっている。

撮影：岩堀春夫

古地図探訪
米野、黄金駅付近

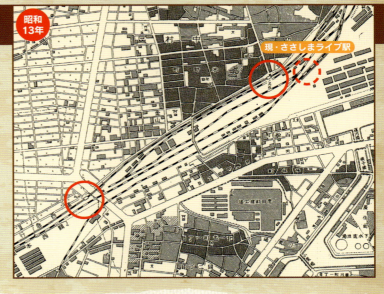

現・ささしまライブ駅

　関西急行電鉄（現・近鉄）の関急名古屋（現・近鉄名古屋駅）を出た名古屋線は、地上に出てからは国鉄関西本線と並行するように南西に向かい、昭和12年に分区した中村区内に米野駅、黄金駅が置かれている。現在は名古屋の市街地であるが、この当時は両駅の西側に田畑が広がっていた。南側には中川運河、東支線が流れており、小栗橋、長良橋が架かっている。

　米野駅の東側、白い部分には現在、愛知大学名古屋キャンパスが誕生している。また、黄金駅の南西には、鉄道省名古屋工場（現・JR東海名古屋工場）がある。この付近の主要道路では現在、大須通、環状線とともに名古屋高速5号万場線が通っている。

Kasumori St. / Kintetsu-Hatta St.

烏森、近鉄八田

歴史道沿いに建つ難読駅の烏森駅
三路線の駅が街中に集う近鉄八田駅

【烏森駅】

開業年	昭和13（1938）年6月26日
所在地	名古屋市中村区牛田通4-5
キロ程	2.8km（近鉄名古屋起点）
駅構造	高架駅
ホーム	2面2線
乗車人員	2,405人

【近鉄八田駅】

開業年	昭和13（1938）年6月26日
所在地	名古屋市中村区八田町字長田163-3
キロ程	3.8km（近鉄名古屋起点）
駅構造	高架駅
ホーム	2面4線
乗車人員	1,609人

昭和53年

提供：近畿日本鉄道

🚉烏森駅

高架化される前の地上駅だった時代の烏森駅。佐屋街道（愛知県道115号）と県道190号名古屋ー宮線と交わる交差点そばに位置している。

現在

🚉烏森駅

平成16年に高架化された烏森駅。改札、コンコースは1階にある。

立体交差化で踏切付近の渋滞解消

　近鉄の難読駅に数えられる烏森。豊臣秀吉の家臣杉浦家次の子、杉浦長房が居城を構えた周辺の森にカラスがたくさんいたことから、一帯が「烏の森」と呼ばれるようになり、それが訛って「烏森」になったといわれる。

　古くから街道筋に集落がかたちづくられた地区で、町内を東西に通る佐屋街道は東海道の難所、七里の渡しを迂回する脇街道だった。

　名古屋線は当駅付近から伏屋駅周辺まで高架部に上がる。烏森駅が高架駅になったのは、高架工事全体が完了する前年の平成16（2004）年9月、高架工事を先に終えていたJR関西本線とともに、隣接する佐屋街道等の主要道路と立体交差化が図られた。これによって駅周辺の踏切が取り払われて、慢性的だった自動車の渋滞は解消された。

　JR東海の名古屋工場の最寄り駅で、朝夕は工場等への通勤客で込み合う。また、近くに県立高校があり、ホーム上で談笑する学生服姿も日常の眺め。しかし、停車する列車は普通列車のみとなっている。

高架化で駅構内を200メートル移設

　近鉄名古屋駅を出て駅名に「近鉄」を冠する最初の駅。開業時は「関急八田」と称し、近鉄名古屋駅等と同様の経緯で3回の改称を経て、昭和45（1970）年3月1日に「近鉄八田」となった。開業時には並行する関西本線に八田駅があったため、会社の略称を冠した駅名になった。

　JR関西本線八田駅、名古屋市地下鉄東山線八田駅と隣接し、東山線の駅とは地下道で結ばれる。JR駅は、近鉄とJRの両線を潜る通りを隔てた位置にあり、駅舎は別々にある。

　現在の駅は、平成14年8月31日の下り線高架化で、名古屋側に200メートルほど移転したもの。平成15年9月21日に上り線も高架化され、同時にホームも新駅に移転した。普通列車のみ停車する駅が続く近鉄名古屋〜蟹江間で、唯一待避線を備えており、上下線間に渡り線、上り4番線の伏屋方に留置線がある。しかし、いずれも普段は使われない。駅の西北側には中小の工場が建ち並ぶ。その一方で街中を線路が横切る南側等は閑静な住宅街で、木々の緑を湛えた公園が点在する。

名古屋市
蟹江町
弥富市
桑名市
朝日町
川越町
四日市市
菰野町
鈴鹿市
津市
松阪市

🚶 古地図探訪

烏森、近鉄八田駅付近

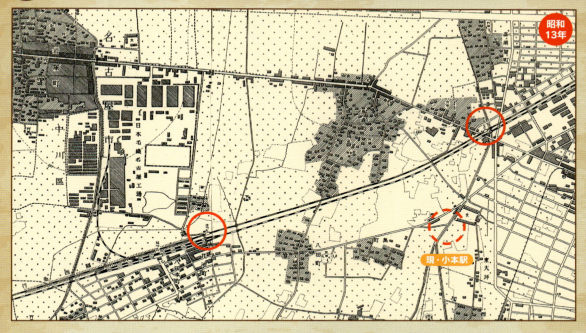

昭和13年

現・小本駅

　関急（現・近鉄）の名古屋線には烏森、関急八田（現・近鉄八田）の2駅があり、国鉄関西本線には八田駅が置かれている。昭和57年には名古屋市営地下鉄東山線が延伸され、八田駅が開業した。この付近では、両線の北側は中村区、南側は中川区となっている。現在は中川区側に烏森駅付近から南方向に延びる名古屋臨海高速鉄道名古屋港線（あおなみ線）があり、小本駅が開業している。

　一方、中村区側の北西には庄内川が流れ、万場大橋が架かっている。この時期、関急八田駅の北側には、日本毛織名古屋工場があった。

昭和43年

地上駅時代の近畿日本八田駅

特急列車の近代化が進む中でも、旧来施設のまま残る主要駅は多かった。地上駅時代の八田では、上下待避線のある2面のホームを構内踏切で結んでいた。

平成6年

撮影：岩堀春夫

🔺近鉄八田付近

名古屋線の車両には、現在も旧型車の機器を再利用した形式が見られる。

提供：近畿日本鉄道

Fushiya St. / Toda St.

<ruby>伏<rt>ふし</rt></ruby><ruby>屋<rt>や</rt></ruby>、<ruby>戸<rt>と</rt></ruby><ruby>田<rt>だ</rt></ruby>

2本の川の両岸が高架で平坦に結ばれる伏屋駅
稲作で栄えた土地の面影残る戸田駅

【伏屋駅】

開 業 年	昭和13（1938）年6月26日
所 在 地	名古屋市中川区伏屋2－28－11
キ ロ 程	6.4km（近鉄名古屋起点）
駅 構 造	下り：高架駅／上り：地上駅
ホ ー ム	2面2線
乗 車 人 員	2,881人

【戸田駅】

開 業 年	昭和13（1938）年6月26日
所 在 地	名古屋市中川区水里3－137
キ ロ 程	8.4km（近鉄名古屋起点）
駅 構 造	地上駅
ホ ー ム	2面2線
乗 車 人 員	1,897人

昭和58年

提供：近畿日本鉄道

●伏屋駅の駅舎

昭和の面影が残る伏屋駅の地上駅舎。付近に学校があり、学生専用口が設けられていた。平成29年度の完成に向けて、現在、単独立体交差事業が進められている。

庄内川と新川の間に建つ中州の駅

名古屋市の西部を流れる庄内川、新川に挟まれた中川区伏屋地区で唯一の鉄道駅。名古屋線の北側をJR関西本線が通るが、近くに駅はない。

平成28（2016）年現在、当駅と2本の川の間で、高架化工事が行われている。工事期間は平成21年1月から平成30年頃までの予定。平成27年11月7日には、下り線ホームが高架になった。工事が完成すると両川岸から駅に向かって下り込んでいた急勾配が緩和され、列車は駅付近で急加速することなく、安定した速度で運転できるようになる。施工後は新川から駅に向かう区間に11.6パーミルの上り勾配。駅から庄内川にかけては、庄内川手前で15パーミルの上り勾配があるものの、強力な駆動装置を備えた近鉄電車にとっては全く問題ない。

中洲の農業地帯であった駅周辺は、すっかり宅地化されている。しかし、庄内川東岸の横井地区にはテニスコート等を備えた広い緑地帯があり、伏屋駅からは、庄内川を渡って徒歩15分ほど。

良き時代の香りを輪郭に残す駅舎

戸田駅は、二級河川日光川の支流、戸田川の西岸に建つ。駅舎は2番のりばと隣接している。駅舎の外壁には新建材が貼られているものの、左右非対称な切妻屋根や2階部分の長細い窓等の形は、昭和初期に見られた地方鉄道の少しモダンな駅舎の雰囲気を残している。2本あるホームの列車有効長は、普通列車のみに対応して3両分。ホーム同士は地下道で結ばれている。

駅の北側には区画整理された新興住宅地が続く。一方、駅から少し離れた南側の一帯は田畑が広がり、都市部を走り続けてきた名古屋線の車窓も、名古屋市と蟹江町の境界近くで、のどかな田園風景を映し出すようになる。線路の南側を走る国道1号線までは徒歩15分ほど。戸田川が国道橋付近で大きく曲がる辺りに、緑地公園がある。さらに川を下ると、展望塔、遊戯施設を備える「とだがわこどもランド」「名古屋市農業文化園」がある。これらの施設へ戸田駅から向かうには、戸田川を渡って名古屋環状2号線（国道302号線）のバス利用が便利。

◀戸田駅の駅舎
改築される前の平屋建てだった頃の戸田駅。現在は駅前も整備されているが、バス停などは設けられていない。

平成6年

撮影・岩堀春夫

▲戸田付近
戸田駅付近を走る名古屋行き急行の先頭に立つ1600系は、昭和34年製の高性能電車。

提供：近畿日本鉄道

古地図探訪

伏屋、戸田駅付近

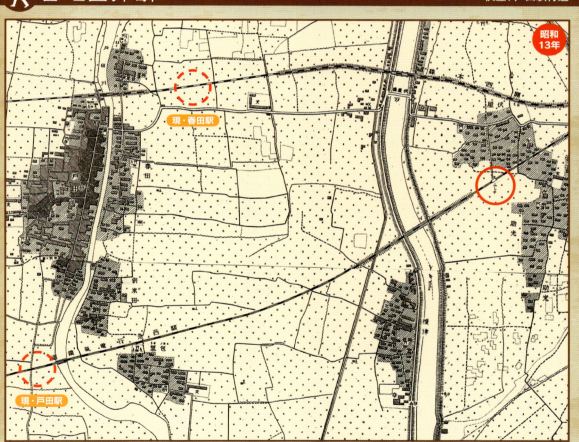

昭和13年

現・春田駅

現・戸田駅

　田園地帯を走る路線には「関西急行電気鉄道」の記載があり、伏屋駅が置かれている。一方、昭和13年6月に戸田川の西側に開業する戸田駅は、この地図には記載されていない。

　伏屋駅の西側には新川の流れがあり、国鉄関西本線に近い上流部分に伏屋橋が見える。また、この関西本線に春田駅は見えないが、現在の春田駅は平成5年に春田信号所として開設され、平成13年に駅に昇格しているためである。地図の中央部分を現在は南北に走っている国道302号（名古屋環状2号線）は、この当時はまだ開通していなかった。

名古屋市
蟹江町
弥富市
桑名市
朝日町
川越町
四日市市
菰野町
鈴鹿市
津市
松阪市

Kintetsu-Kanie St.

近鉄蟹江
きん　てつ　かに　え

21世紀に入って急行停車駅に抜擢
愛知県海部郡の拠点は近鉄蟹江駅

【近鉄蟹江駅】

開 業 年	昭和13（1938）年6月26日
所 在 地	愛知県海部郡蟹江町本町十一－300
キ ロ 程	9.7km（近鉄名古屋起点）
駅 構 造	地上駅
ホ ー ム	2面4線
乗 車 人 員	6,711人

昭和40年

近畿日本蟹江駅ホーム風景

夏の朝、名古屋行き準急として近鉄蟹江駅に入って来た6401系は元名古屋線の特急用電車。標準軌化後には台車を履き替え、高性能特急電車の出現後も普通運用で活躍した。

撮影：荻原二郎

現在

近鉄蟹江駅

堂々とした構えをもつ現在の近鉄蟹江駅。名古屋線の特急非停車駅の中では唯一の駅長所在駅である。

昭和43年

提供：近畿日本鉄道

近畿日本蟹江駅

構内踏切でホーム間を移動する形の近鉄蟹江駅。現在もこのスタイルは変わっていない。

唯一特急が停まらない駅長所在駅

　海抜０メートル地帯を多く抱える愛知県海部郡で、主要な町の一つに数えられる蟹江町。街の中心地に建つ近鉄の駅は、名古屋線で特急が停車しない駅の中では唯一、駅長が所在している。当駅長が伏屋駅から近鉄弥富駅までを管理する。

　町内の北方にJR関西本線蟹江駅があり、当駅は開業当初から、所属する会社の略称を冠した駅名になっている。昭和45年３月１日に現在の「近鉄蟹江駅」となった。

　開業時には現所在地よりも名古屋側に駅があったが、昭和36年８月10日に移設された。同時に待避線を設置した２面４線の線形になった。

　急行、準急の停車駅で、急行が停まるようになったのは、平成14（2002）年３月20日から。平成に入ってから減少傾向にあった乗降客数は、急行の停車を実施した年から上昇に転じ、現在では昭和50年代と同じレベルの１日当たり１万２千人にまで回復している。街の人口は過去10年間、横ばい状態が続いており、急行の速達性が限られた沿線人口から新たな顧客を掘り起こした。銀行やショッピングセンターが建つ蟹江町の中心街は、近鉄とJR駅の間にあり、JR駅の方がやや近い。

　また、町内を南北に走る西尾張中央道（県道65号線）の西側には、日帰り温泉施設の尾張温泉がある。源泉掛け流しの湯は愛知県で唯一、名湯百選に選ばれた。日光川の近くに建つ施設は、名古屋線からよく見える。

　一方、駅の南側には福田川近くに水田が多く見られ、500メートルほど先を国道１号線が横切る。国道を越えると大きく区画整理された水田はいよいよ広く見え、大規模な堰がある日光川の河口にたどり着く。

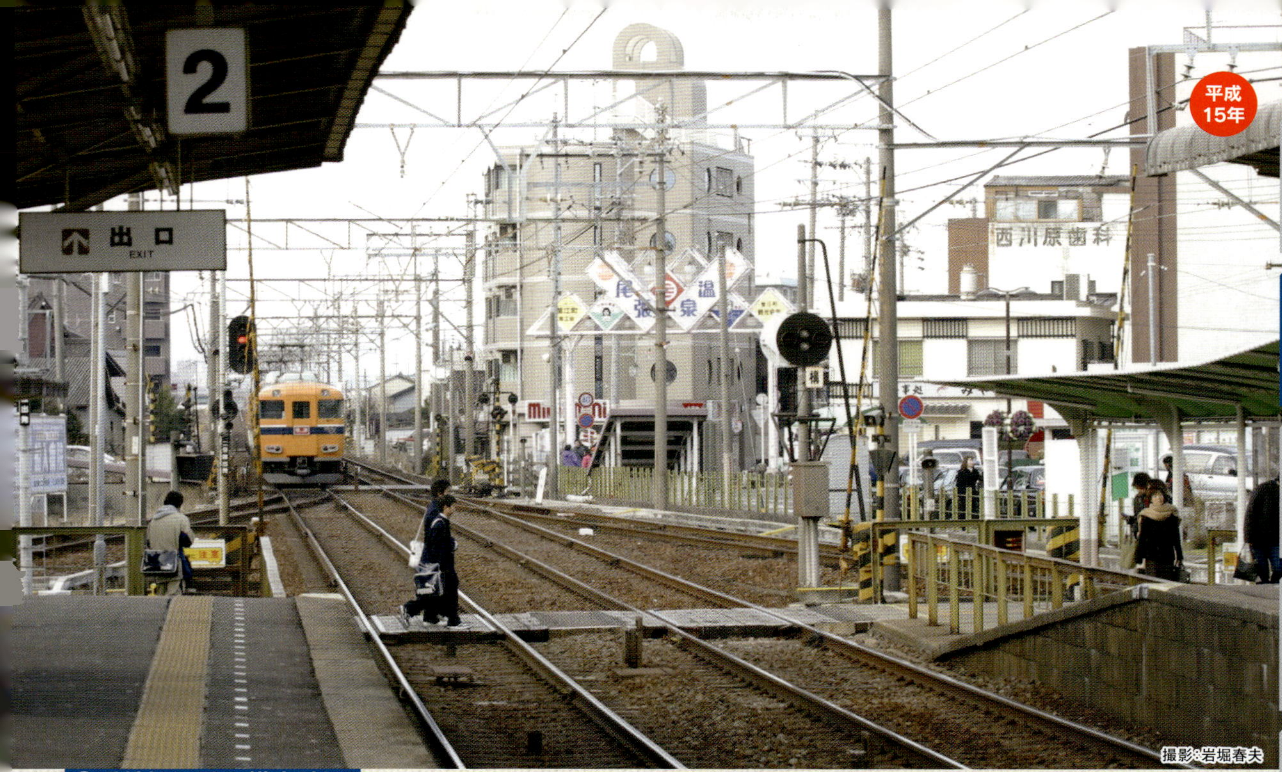

撮影：岩堀春夫

△近鉄蟹江駅の構内踏切

名古屋行きの特急が通過して行くと、構内踏切の竿が上がった。結構高い運転密度がある近鉄蟹江駅だが、高架工事前は長閑な雰囲気に包まれていた。

古地図探訪
近鉄蟹江駅付近

地図の中央部分やや上側、蟹江川に沿って蟹江町の街並みが広がっている。一方、西側には下流で蟹江川が注ぐ日光川の流れがある。また、蟹江町の街並みの南側を走る名古屋線に近鉄蟹江駅、北側を走る国鉄関西本線に蟹江駅が置かれている。この当時の町役場は国鉄駅に近い蟹江川の東側にあったが、現在は近鉄の駅に近い川の西側に移転している。

近鉄蟹江駅のすぐ近くに見える「文」の地図記号は、蟹江町立蟹江小学校で、その起源は明治5年に創設された精勤学校で、明治20年に蟹江学校となり、現在まで続いている。

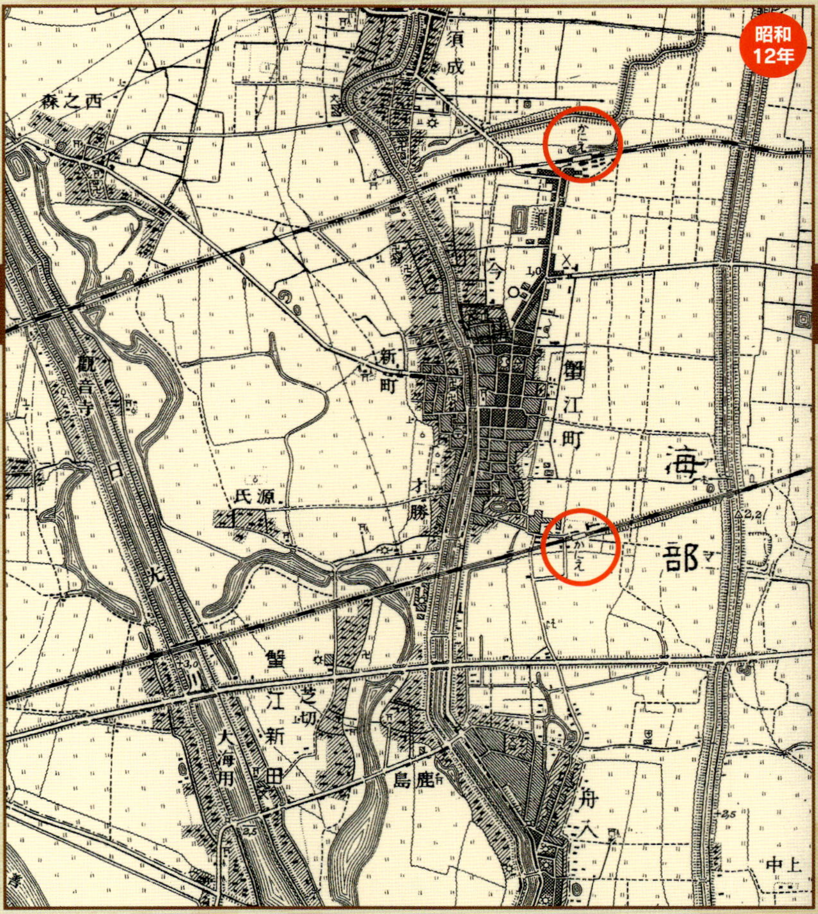

Tomiyoshi St. / Sakogi St.

富吉、佐古木
とみ　よし　　さ　こ　ぎ

車両基地の雰囲気を味わえる富吉駅
準急と普通列車が停車する佐古木駅

【富吉駅】

開業年	昭和39（1964）年12月10日
所在地	愛知県海部郡蟹江町富吉1−723
キロ程	12.1km（近鉄名古屋起点）
駅構造	地上駅（橋上駅）
ホーム	2面4線
乗車人員	2,634人

【佐古木駅】

開業年	昭和13（1938）年6月26日
所在地	愛知県弥富市佐古木6−227−2
キロ程	13.7km（近鉄名古屋起点）
駅構造	地上駅
ホーム	2面2線
乗車人員	1,427人

平成25年

撮影：牧野和人

◀ **富吉車庫の全景**

富吉駅に隣接した富吉検車区。手前の線路は駅構内に入る本線。ホームと横並びになる留置線には常に数本の列車が待機している。アーバンライナー用の特急車両が全車所属する。

昭和54年

提供：近畿日本鉄道

◀ **富吉駅**

昭和39年に新設された富吉駅は、UR賃貸住宅の下を通って改札口に向かう形になっている。

田畑だった駅周辺も今では住宅街

　駅の北側に広大な富吉検車区が控える富吉駅。開業は駅の方が早く、昭和39（1964）年12月10日。検車区は昭和42年に開設した。ホームのすぐ北側に留置線があり、停車している電車を間近で見られる。車両基地への入出庫を伴う列車運用上の都合から、朝夕のラッシュ時、終電近くの深夜時間帯で、近鉄名古屋駅発の準急は、全て当駅止まりになっている。また、普通は日中1時間当たり2本。朝夕には2〜4本が当駅で折り返す。

　本来、農村部だった蟹江町の南西部では、国道1号線より南側の日光川沿いに民家が集まっていた。現在の駅南口側は大小の居住用棟が立ち並ぶマンション街になっている。また、名古屋線の開業時には田畑ばかりだった駅の北口側は、整然と区画整理された、閑静な住宅街に変貌。駅前にはささやかながら商店街もあり、三重県に本店を置く銀行も支店を構えている。名古屋線の約1キロメートル北側には関西本線の永和駅がある。富吉駅からは徒歩で15分ほどかかる。

宅地化された小さな水郷地帯の駅

　善太川と弥富市東部を流れる幹線用水路に挟まれた、幅600メートルほどの水郷地帯には、名古屋線の開業時から小さな駅が置かれた。改札口と自由通路が地下にあり、ホームは地上に置かれた名古屋線では伊勢中川駅とともに珍しい構造。準急と普通のみが停車する。構内東側にはバス停を備えたロータリーがあるが、北口からは細い通路を20メートルほど歩く。駅の南口には、用水路が線路と並行し、その先に広い駐車場がある。

　国道1号線へは200メートルほどの距離。国道上の下り方にはバス停がある。しかし、桑名駅へ向かう路線バスは平日1本のみの運行。用水路を渡って、国道を弥富方へ進むと、ファミリーレストランやディスカウントストアが現れ、郊外の国道沿いらしい眺めになる。一方、駅の東方に延びる県道108号線を北上すると、愛西市役所市江出張所が建つ、愛西市東條の交差点に出る。ここからさらに北西へ1.5キロメートルほど進むと、名古屋鉄道尾西線の佐屋駅に至る。

提供：近畿日本鉄道

⚓ 佐古木駅の駅前風景

駅舎付近は自転車で埋め尽くされていた。善太川周辺の集落にとって、佐古木は最も手軽に利用できる電車の駅だった。

撮影：岩堀春夫

⚓ 佐古木駅ホーム

佐古木駅に入る名古屋行き急行。先頭の2両は名車2200系の電動機器を整備した上で、再利用して製造された1000系電車。

提供：近畿日本鉄道

⚓ 佐古木駅の駅舎

立て板で壁を設えた小さな木造駅舎が建つばかりだった地上駅舎時代の佐古木駅。奥に見られるコンクリートブロックを積まれた構内トイレは、昭和40～50年代の近鉄によくあった。

⚓ 佐古木駅の駅舎

地下改札口への出入り口だけが地上に出ている現在の佐古木駅。構内踏切の廃止に伴い、駅の導線は大きく変わった。

古地図探訪
富吉、佐古木駅付近

　冨吉駅は昭和39年の新設駅のため、この地図上には見えず、西側に佐古木駅だけが存在している。佐古木駅と現在の冨吉駅の間には、善太川の流れがあり、冨吉駅の東側には日光川が流れている。北側を走る国鉄関西本線には、永和駅が置かれている。この時期には、まだ人家の数はそれほど多くないが、現在では住宅が増え、農地の面積は少なくなっている。佐古木駅が存在した市江村は、昭和30年に分割により、佐屋町と弥富町に分かれ、現在はそれぞれ愛西市、弥富市の一部となっている。また、永和村も昭和31年に分割され、津島市、愛西市などの一部に変わった。

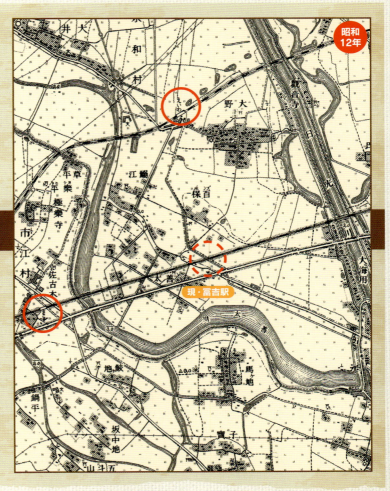

現・冨吉駅

名古屋市

蟹江町

弥富市

桑名市

朝日町

川越町

四日市市

菰野町

鈴鹿市

津市

松阪市

Kintetsu-Yatomi St.

近鉄弥富
きん　てつ　や　とみ

昭和51年に急行が停車するようになり
急行から普通列車へ乗換便利な近鉄弥富駅

【近鉄弥富駅】

開業年	昭和13（1938）年6月26日
所在地	愛知県弥富市鯏浦町西前新田51
キロ程	16.1km（近鉄名古屋起点）
駅構造	地上駅（橋上駅）
ホーム	2面4線
乗車人員	6,261人

平成25年

旧線の痕跡

撮影：牧野和人

木曽側へ向かって築堤で徐々に高度を上げて行く。狭軌線時代には、高架橋梁で国鉄関西本線を跨いでいた。沿線には遺構が今日も数か所残る。

昭和35年

所蔵：フォト・パブリッシング

近畿日本弥富駅を発車する旧吉野鉄道の車両

近畿日本弥富駅を発車する6501系は元吉野鉄道のモハ201形。桑名〜名古屋間開業の折に増強部隊として親会社の大阪電気軌道から貸与され、南大阪線より全20両が転属した。

昭和36年

撮影：荻原二郎

近畿日本弥富駅

改築前の近鉄弥富駅。「天下の奇祭」として有名な、多度大社の「多度まつり」の立て看板が設置されている。

海抜0メートル地帯の街に建つ

　木曽川の愛知県側岸付近は、川を隔てて隣接する輪中地帯と共に、海抜0メートル地帯として知られる地域。地上で最も低い場所に建つ駅はJR関西本線弥富駅（海抜−0.93メートル）と言われるが、近鉄弥富駅の方がより低いとの説もある。

　昭和13（1938）年6月26日、関西急行電鉄名古屋〜桑名間の開業に伴い、関急弥富駅として開業した。当初は駅の桑名方にあった木曽川分かれ（信号場）までが複線区間だった。開業以降、3度にわたる会社の合併ごとに改称する。近鉄弥富駅となったのは昭和45年3月1日のことだ。

　地上に2面4線の島式ホームを備える。1・2番に下り列車、3・4番に上り列車が発着。昭和51年3月18日から急行の停車駅になり、現在は特急以外の列車が全て停まる。準急、普通が当駅で急行の連絡待ちをすることも多い。また、JR、名古屋鉄道の弥富駅は、線路の北側にある。両駅間は徒歩数分の至近距離。JR弥富駅舎は名鉄との共有で、名鉄ののりばへも、駅舎内の改札を通って行く。

　弥富市は日本有数の金魚、文鳥の産地。また、繊維産業華やかりし頃には、日本毛織弥富工場（平成9年閉鎖）があり、街は大勢の工員で賑わった。「金魚最中」は、弥富で働く人達が、帰省時に持ち帰る土産物として考案されたお菓子で、現在もJR駅近くの商店街にある、製造元で購入できる。

　また、大河木曽川の河口付近に栄えた町という土地柄から淡水魚、汽水域の魚を食べる文化が根付いており、「鮒みそ」や「はえ、もろこ佃煮」等の郷土料理を、地元メーカが製造、販売している。

撮影：荻原三郎

近畿日本弥富駅付近を走るビスタカー

名古屋行き特急は10100系「ビスタカー」の2編成連結。エース登場時の近鉄沿線はハエタタキと呼ばれた通信線に地道と発展途上の様子。

提供：弥富市

近鉄弥富駅

セーラー服姿の女子高校生をはじめとする多くの乗降客があった、地上駅時代の近鉄弥富駅。駅前の売店も賑やかだ。

近鉄弥富駅付近

手前に自動車の姿がある踏切、奥に構内踏切があった近鉄弥富駅。現在は橋上駅舎に姿を変えている。

提供：弥富市

古地図探訪
近鉄弥富駅付近

地図の左（西）側には木曽川が流れ、近鉄名古屋線、国鉄関西本線、東海道（国道1号）が接近する位置で、この川を渡ってゆく。現在は上流（北側）に東名阪自動車道も通っている。近鉄弥富駅、弥富駅が置かれている付近は愛知県の西の端であり、近鉄弥富駅は愛知県内で最西端の駅となっている。この当時は弥富町が存在し、現在は弥富市に変わっている。駅の西側には、日本毛織弥富工場が操業していたが、その跡地はイオンタウン弥富に変わっている。地図の南側、筏川に沿って走る道路には「東海道」の記載がある。国鉄弥富駅から左上部に延びる路線は名鉄尾西線である。

名古屋市
蟹江町
弥富市
桑名市
朝日町
川越町
四日市市
菰野町
鈴鹿市
津市
松阪市

Kintetsu-Nagashima St.

近鉄長島
きん　てつ　なが　しま

駅構内のすぐ北側にはJR長島駅が隣接
イベント開催時急行とバスが臨時発着近鉄長島駅

【近鉄長島駅】

開 業 年	昭和13（1938）年6月26日
所 在 地	三重県桑名市長島町西外面1648
キ ロ 程	19.5km（近鉄名古屋起点）
駅 構 造	地上駅
ホ ー ム	2面2線
乗 車 人 員	1,687人

平成25年

●車窓から見た旧線の高架橋梁跡

弥冨～長島間に残る旧線の高架橋跡。国鉄関西本線を跨いでいた。

撮影・牧野和人

昭和34年頃

提供・近畿日本鉄道

●ポータブルクレーンを使って建設中の木曽川新橋梁

名古屋線を複線標準軌の路線に生まれ変わらせるために、架け替え工事たけなわの木曽川橋梁。奥に見える非電化路線の鉄道橋は国鉄関西本線。幹線直後に伊勢湾台風に見舞われるものの、頑強に造られた鋼製のトラス橋は暴風雨を克服して3か月後の開業に備えた。

構内踏切がのんびり感をもたらす

揖斐川、長良川と木曽川の間にできた輪中地帯にある駅。普段は準急と普通が停車する。しかし、駅から南へ約2キロメートル離れた観光植物園「なばなの里」で、主として冬季に開催される「ウインターイルミネーション」に合わせて、当駅に急行が臨時停車する場合がある。駅前からは、会場へ向かう三重交通のバスも出る。

国道1号線近くの植物園で人気イベントが開催される際、周辺道路は渋滞する場合が多い。その緩和策として、最寄り駅の近鉄長島から、アクセスの便を図る措置が取られている。主要駅から当駅までの乗車券と、園の入場券を組み合わせた企画商品も販売される。

駅前にバス停を備える大きなロータリーがある。普段発着するコミュニティバスは、町内を南北に回り、国道23号線近くの長島スポーツランド前まで行く。しかし、長島町の最南端にあるリゾート施設「長島温泉（ナガシマリゾート）」と連絡する路線バスはない。同施設へは、名古屋駅、桑名駅からバス利用となる。

撮影：牧野和人

◀近鉄長島駅ホーム

名古屋行きの普通から、ゆっくりとお客が降りて来た。列車の通過まで小休止。

昭和48年

提供：桑名市

▲近鉄長島駅の駅舎

現在の駅舎のなる前の駅舎。駅構内の構造は現在もあまり変化していない。

平成23年

撮影：岩堀春夫

▲近鉄長島駅

ホームの停車中の中川行き普通の後ろで構内踏切の竿が上がった。列車は駅を発車すると揖斐、長良川に向かって遠ざかる。

現在

▲近鉄長島駅

1番ホームの名古屋側に置かれている、近鉄長島駅の地上駅舎。2番ホームとは構内踏切で結ばれている。

🚶 古地図探訪
近鉄長島駅付近

　木曽川、長良川、揖斐川に挟まれた輪中に、国鉄の長島駅と近鉄長島駅が隣接する形で存在する。この当時は長島村があったが、現在は桑名市の一部となっている。長島といえば、大型アミューズメントパークのナガシマスパーランド（長島温泉）が有名だが、この地図上ではなく、かなり下流域（南）にあたる場所に昭和41年にオープンしている。また、古くは長島一向一揆の拠点となった長島城が存在したが、その場所は両駅の南側の「文」の地図記号がある付近で、現在は長島中部小学校、長島中学校の敷地となっている。

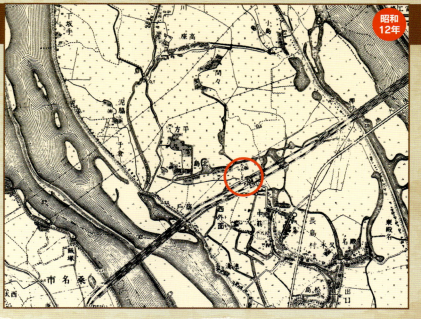

昭和12年

名古屋市
蟹江町
弥富市
桑名市
朝日町
川越町
四日市市
菰野町
鈴鹿市
津市
松阪市

Kuwana St.

桑名
くわな

昭和50年代迄養老線で
貨物列車も運転
買収路線が集結して近鉄色に染まった桑名駅

【桑名駅】

開業年	昭和4（1929）年1月30日
所在地	三重県桑名市大字東方97
キロ程	23.7km（近鉄名古屋起点）
駅構造	地上駅（一部橋上駅）
ホーム	2面3線（JRは除く）
乗車人員	11,798人

所蔵：桑名市立中央図書館

◥桑名駅
地上駅舎だった頃の桑名駅で、国鉄（現・JR）、近鉄の共同使用駅となっている。現在は、東改札が橋上駅舎に変わっている。

撮影：荻原二郎

◥桑名駅ホーム風景
養老線との連絡ホームから名古屋行き側ホームを望む。ホームに停車中の塩浜行き普通列車は、標準軌台車に履き替えて名古屋線で活躍した6501系。

昭和40年頃

昭和36年

▶桑名駅の駅舎
橋上化された国鉄との共用部分。構内から飲食店等の商業施設へ続く連絡橋が架かる。

撮影：牧野和人

平成25年

◀特急を待避
青空の下で肩を並べる2本の列車。名古屋行き急行が特急を待避する。

昭和54年

提供：近畿日本鉄道

下り列車のりばは今も1線のみ

　伊勢電気鉄道が昭和4（1929）年1月30日に四日市〜桑名間を開業してから約9年間、桑名駅は名古屋線の終点だった。桑名〜名古屋間を開業し、名古屋線の全通を果たしたのは、伊勢神宮への参詣路線建設費と、昭和初期の不景気で窮地に追い込まれていた、伊勢電を合併した関西急行電鉄。その関急もまた系列他社と3度に亘る合併を繰り返した。そして昭和19年に近畿日本鉄道の成立で、名古屋線は同社の路線になる。

　一方、大垣と桑名駅を結んでいた養老鉄道（現・2代目養老鉄道）も昭和15年8月1日をもって大阪電気軌道の子会社だった関西急行電鉄と合併しており、期せずして桑名駅に乗り入れる二つの私鉄路線は、ともに近畿日本鉄道の路線となった。

　また、桑名駅構内の東南側には、伊勢電の桑名進出前より、北勢鉄道（現・三岐鉄道北勢線）が大山田（現・西桑名）駅を構えていた。当路線も、経営会社が移り変わり、昭和40年に一度は近鉄の路線となった。つまり桑名駅界隈では、旧国鉄関西本線を近鉄路線が囲む配線が、時間を掛けて出来上がっていった。

　また、養老線と関西本線の間では、昭和57年まで貨物の授受が行われていた。両狭軌路線は渡り線で結ばれ、貨物列車が、旅客主体の私鉄路線としては頻繁に運転されていた。今もJRの構内に残る空き地は、貨物側線の跡である。

　名古屋線に目を向けると、昭和36年8月1日に、名古屋行きのりばに待避線を追加した。片側だけに線路を足したのは、2面あるホームのうち、最も国鉄線側に養老線のりばがあり、標準軌の線路を加えられなかったからだ。現在もこの線形は残り、下り列車の待避は、隣の益生駅

古地図探訪

桑名、益生駅付近

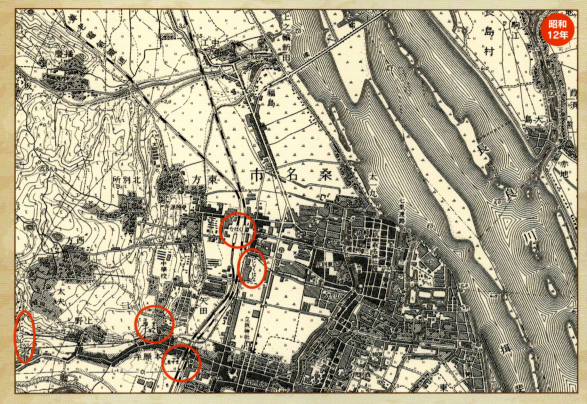

昭和12年

　長良川、揖斐川に面した桑名市街には、旧東海道の一部だった「七里渡跡」がある。その南西に桑名の街が広がり、西側に近鉄・国鉄の桑名駅、北勢鉄道（現・三岐鉄道北総線）の西桑名駅が置かれている。駅前から東に延びる八間通（駅前通）には、全長1キロの桑名電軌の軌道線（市電）が走っていた。終点の本町付近には桑名神社が鎮座し、その先には九華公園（桑名城跡）が見える。
　この頃の市役所はこの付近にあったが、現在は桑名駅の南に移転している。駅の西側に見える「中学校」は、大正13年に桑名町立として開校した三重県立桑名中学校で、現在は県立桑名高校となっている。

で行われる。

市内の名所旧跡へ街歩きも楽しい

　昭和期には国鉄関西本線を含め、近鉄主体で一体感の強い構内を築き上げた桑名駅。しかし、平成の世になると合理化の下、不採算路線の別会社化が進んだ。養老線、北勢線は路線の廃止こそ免れたものの、近鉄路線から切り離される。北勢線は平成15（2003）年4月1日に三岐鉄道へ譲渡された。また平成19年10月1日には、養老線が新会社養老鉄道の運営する路線になった。

　江戸時代に桑名藩が置かれて以来、城下町として発展を遂げた桑名市では、新たに鉄道が計画されるとその経路は市街地を避け、西隣の大山田村（現・桑名市内）を通ることとなった。桑名駅も市の中心から外れた場所に建設された。その状況は今日まで変わらず、桑名城址に造られた九華公園や七里の渡し跡。国の重要文化財に指定されている六華苑等の名勝地へは、駅前から路線バス等に乗って向かう。

　また、名物の時雨蛤、鯉料理を扱う老舗店も旧市街地に点在しているので、桑名観光の際には、常に鉄道と他の移動手段を考えなくてはならない。もっとも九華公園等、揖斐川沿いの旧跡までは駅から、いずれも1キロメートル前後の距離なので、気候の良い季節であれば、街中の散策を兼ねて歩くには手頃な距離でもある。

　とはいえ、路線バスは桑名駅からの連絡手段として、今や欠かせない存在。市内を循環する系統の他、大山田団地をはじめとした桑名市近郊の新興住宅地とを結ぶ便や、長島町のレジャー施設「長島温泉」「なばなの里」へ向かうもの。さらには中部国際空港、東京方面といった遠隔地とを結ぶ高速バスもある。

名古屋市　蟹江町　弥富市　桑名市　朝日町　川越町　四日市市　菰野町　鈴鹿市　津市　松阪市

平成
25年

撮影：牧野和人

◭JR関西本線と並ぶ

かつては頻繁に貨物の受け渡しが行われていた国鉄関西本線構内との間にはフェンスが設置され、再び同じ軌間の養老鉄道とJR線には垣根を超えて列車が行き来することは望むべくもなさそう。

昭和
48年

撮影：岩堀春夫

◭懐かしいスナックカー

桑名まで来れば名古屋行き特急は終点まであと僅か。編成の中程には軽食を提供する施設を備えた「スナックカー」が連結されていた。

昭和
30年代

所蔵：桑名市立中央図書館

◭桑名駅の改札口

桑名駅の東口改札は、国鉄関西本線の駅舎を間借りする状態だった。重厚な木製ラッチの上には、関西本線の時刻表が掛かっている。

▶名阪ノンストップの
ビスタカー

名阪ノンストップの表示盤を誇らしげに掲げた10100系「ビスタカー」が軽快にカーブした構内を駆け抜けて行く。流線型の前端部が流麗に見えるのは、非貫通側にパンタグラフのないC編成。昭和30年代後半の名古屋線は、高速運転の2階建て特急で大いに華やいだ。

昭和48年

撮影：岩堀春夫

昭和48年

◀顔を合わせる
新旧の特急列車

桑名駅で顔を合わせた昭和40年代の新旧特急列車。異なるヘッドサインを掲げた表情に世代の違いを読み取ることができる。構内先端部が隠れる6番ホーム中程からの眺めは今も同じ。

撮影：岩堀春夫

昭和13年

撮影：牧野俊介

▲桑名電軌の車両

桑名駅前から、繁華街のある本町まで僅か1キロメートル区間を営業していた桑名電気軌道。1号と2号は名古屋市電気局からの譲渡車。

昭和13年

撮影：牧野俊介

▲桑名電軌の車両

運転席と客室が一体のタイプは、名古屋に本店があった日本車輌に発注。4号は豊橋鉄道に譲渡され昭和38年まで使われた。

Yoro Railway Yoro Line

養老鉄道養老線 （旧近鉄養老線）

近鉄線時代には狭軌線用の名車達が集結
貨物輸送で東海道の短絡線的役割を担う

○大外羽～友江間を走る

平成21年9月より養老鉄道で復刻したラビットカー塗装の606F編成。側面のウサギマークも再現され、現在も普通列車として運用中。

○揖斐駅の駅舎

撮影：岩堀春夫

揖斐線の終点揖斐駅。揖斐川沿いの街脛永にある。線路は揖斐川の支流、和川の手前で途切れる。

▷揖斐駅付近

夏雲の下、養老線を走る432形。狭軌時代末期の名古屋線で特急として活躍した元6431系だ。

◁池野駅の駅前

撮影：岩堀春夫

池野駅前。世が平成に入っても映画のセットのような情景が残っていた。

撮影：岩堀春夫

　三重県と岐阜県を直結する唯一の鉄道が養老鉄道養老線で、三重県側の起終点駅は桑名駅、岐阜県側の起終点駅は揖斐駅である。その歴史は古く、明治44（1944）年7月に設立された初代養老鉄道時代にさかのぼる。

　現在の路線の一部である養老・大垣・池野間が開業したのは大正2（1913）年7月で、大正8年4月に三重、岐阜側それぞれで延伸し、桑名～揖斐間が全通した。大正11年6月に揖斐川電気、昭和3年4月に養老電気鉄道と社名が変わり、昭和4年10月に伊勢電気鉄道の養老線となった。その後も養老電鉄、参宮急行電鉄（参急）、関

西急行鉄道（関急）、近畿日本鉄道（近鉄）と社名は変化し、平成19（2007）年10月、現在の養老鉄道（近鉄子会社）の路線となっている。

　路線距離57.5キロの単線区間に起終点駅を含む27駅が存在し、桑名駅で近鉄名古屋線と連絡している。また、大垣駅ではJR東海道本線、樽見鉄道と連絡している。なお、岐阜側の起終点駅である揖斐駅は単独駅である。路線名でもわかるように、この鉄道は揖斐川に沿って走っている。全線を通して運行する列車はなく、スイッチバック式の大垣駅を境に運転系統が分かれている。

昭和
45年

撮影：荻原二郎

揖斐駅の養老線

当時、近鉄の最北端駅であった揖斐駅を発車し次駅の美濃本郷を目指す2両編成の列車。養老の山懐を行く養老線はローカルムード満点であり、養老鉄道になった現在でも大きく変わらない。

昭和
48年

撮影：J.WALLY HIGGINS

多度駅を発車する大垣行き列車

伊勢電で韋駄天振りを発揮した5820形は、晩年を養老線で過ごした。南大阪線配属時代には、特急「かもしか」号等で活躍した。

平成
元年

撮影：岩堀春夫

東赤坂付近

東赤坂付近を行く420系。養老線用とするに際して、数種類の車両を形式統合した車両で、1両ごとに少しずつ形が違う。

昭和
48年

撮影：荻原二郎

平成
8年

撮影：岩堀春夫

大垣駅のギャラリートレイン

自転車を車内に持ち込んで観光や買い物に利用できるサイクルトレインが設定された。

桑名駅の養老線ホーム

養老線の列車は、近鉄から分離されて養老鉄道となった現在と変わりなく、4番線から発着する。手前に何条も敷かれた線路は国鉄との貨物受け渡し線で、貨車を養老線へ引き入れる近鉄の電気機関車が入線していた。

Sangi Railway Hokusei Line

三岐鉄道北勢線 （旧近鉄北勢線）

所有会社が変わり続けた流転のナロー線
現在もニブロクゲージで地元に生きづく

平成25年

撮影：牧野和人

西桑名〜馬道間
西桑名駅を出た下り列車は築堤を上り、JR関西本線、近鉄名古屋線を跨ぐ。

平成18年

撮影：岩堀春夫

阿下喜駅ホーム
右手奥の特設車庫で煙を上げるのは通称下工弁慶と呼ばれるナロー蒸気機関車。平成16年から19年まで、阿下喜駅構内で展示された。

西桑名駅ホーム
昭和52年に移転するまで、西桑名駅のホームは本線が大きく向きを変える急カーブの中にあった。

現在

西桑名駅
近鉄名古屋線、JR関西本線、養老鉄道養老線の桑名駅との連絡駅となっている西桑名駅。

昭和48年

撮影：岩堀春夫

　三重県で北勢線、三岐線を運営する三岐鉄道のうち、西桑名駅と阿下喜駅を結ぶ北勢線は、現在では数少なくなったナローゲージ（762mm）の鉄道路線である。その歴史は古く大正3（1914）年4月に開業した北勢鉄道の大山田（現・西桑名）〜楚原間の路線にさかのぼる。その後、大正4年8月に桑名町（後の桑名京橋）〜大山田間、大正5年8月に楚原〜阿下喜東（後の六石）間が延伸。昭和6（1931）年7月、六石〜阿下喜間が延伸して、全線開通となった。

　この北勢鉄道は昭和9年6月に北勢電気鉄道と社名を変更し、昭和19年2月に合併により、三重交通の一部

となった。昭和39年2月に三重電気鉄道、昭和40年4月に近鉄の路線に変わり、一時は廃線の危機にさらされたが、平成15（2003）年4月に近鉄から三岐鉄道に譲渡され、路線は存在することになった。

　北勢線は全長20.4キロ、起終点駅を含めて13駅が存在する。起終点駅の西桑名駅は近鉄名古屋線、JR関西本線などが連絡する桑名駅の南側約300メートル離れた場所に置かれている。なお、昭和52年までは桑名駅の東側にあり、駅前再開発により現在地に移転した。一方、終点駅の阿下喜駅は単独駅で、同じ三岐鉄道三岐線の伊勢治田駅とも約2キロ離れている。

昭和
37年

撮影：J.WALLY HIGGINS

🔺阿喜下付近を走る列車

北勢線の終点、阿下喜駅付近を走る3連のローカル列車。先頭の電動車モニ221形は、元北勢鉄道のモハニ51形で、昭和6年7月8日の六石〜阿下喜間電化開業に合わせて、日本車輌製造本店で製造された。パンタグラフが大きく見える全長11メートル余りの小さな電車だ。

昭和
50年代

提供：桑名市立中央図書館

🔺西桑名駅の駅舎

途中駅時代の西桑名駅。国鉄線と並行して桑名駅の手前で、ほぼ直角に東へ曲がった先に駅構内があった。

平成
25年

撮影：牧野和人

🔺麻生田〜楚原間

200形として今日まで現役で残る三連接車は、元三重交通のモ4400形。平成25年に三重交通時代の標準塗色に塗り替えられた。

昭和
32年

撮影：J.WALLY HIGGINS

🔺阿下喜付近

車両の側にいる人と比べると、一般的な電車よりもナロー鉄道の電車はかなり小柄なことが分かる。車内に入るとさらに狭く感じる。

平成
3年

撮影：岩堀春夫

🔺上笠田駅ホーム

北勢鉄道の駅として開業した上笠田駅。近鉄から三岐鉄道に継承されたものの、平成18年に廃止された。

33

益生、伊勢朝日、川越富洲原

桑名、四日市両市間の町を繋ぎ行く
益生駅、伊勢朝日駅、川越富洲原駅

【益生駅】

開 業 年	昭和4（1929）年1月30日
所 在 地	三重県桑名市大字矢田771
キ ロ 程	24.8km（近鉄名古屋起点）
駅 構 造	地上駅
ホ ー ム	1面2線
乗 車 人 員	1,282人

【伊勢朝日駅】

開 業 年	昭和4（1929）年1月30日
所 在 地	三重県三重郡朝日町大字小向739－2
キ ロ 程	27.4km（近鉄名古屋起点）
駅 構 造	地上駅
ホ ー ム	2面2線
乗 車 人 員	1,928人

【川越富洲原駅】

開 業 年	昭和4（1929）年1月30日
所 在 地	三重県三重郡川越町大字豊田275
キ ロ 程	30.0km（近鉄名古屋起点）
駅 構 造	地上駅（橋上駅）
ホ ー ム	2面4線
乗 車 人 員	3,359人

昭和54年

提供：近畿日本鉄道

◀益生駅

広い駅前広場を有している益生駅。同じ地上駅であるが、改築される前の益生駅の姿であり、広場に対する駅舎、改札口の向きが変わっている。

県下一番と二番目に小さな町へ

　益生駅は桑名市の南部郊外に建つ。開業時の駅名は西桑名だった。現在、三岐鉄道北勢線の起点になっている西桑名駅は当時、北勢鉄道の大山田駅だった。開業から1年後の昭和5（1930）年に当時の所在地名だった益生に改称している。現在も駅のすぐ側に益生町は存在するものの、駅の所在地は桑名市大字矢田となっている。

　普通列車のみが停車するものの、下り線にホームのない通過線を備える。これは下り線に待避設備を持たない桑名駅の機能を補っている。

行政機関が多い伊勢朝日駅

　三重県で最も小さい町、朝日町にある伊勢朝日駅。高効率モーター等を開発、製造している東芝三重工場に隣接しているが、停車する列車は普通のみ。駅舎は上下両ホームの桑名方に2か所設けられている。しかし、駅員は上り側改札だけの配置。改札内にホーム間を行き来できる施設はなく、ホームを移るには改札外となる桑名方の踏切を通るしかない。

　駅の東側に国道1号線。西にJR関西本線朝日駅と新興住宅地の白梅の丘。そして南には町役場と、町の機能は駅周辺に凝縮されている。

町名を冠した川越富州原駅

　川越富洲原駅は、中部電力川越火力発電所が操業する川越町の玄関口。開業時は当時の所在地名だった富洲原を駅名としていた。近隣の海水浴場への観光客誘致が、当地に駅を設置した理由の一つ。

　昭和20年に伊勢朝日駅方にあった川越駅を統合し、駅構内を伊勢朝日駅方へ約300メートル移動した。平成21（2009）年3月21日、昭和50年代より町から要望のあった町名の「川越」を冠した「川越富洲原駅」と改称した。

昭和54年

◀伊勢朝日駅
上下線ホームの双方に同じ形の小さな駅舎があった伊勢朝日駅。駅舎というよりも切符を確認するための木戸口の風情。

提供：近畿日本鉄道

昭和54年

提供：近畿日本鉄道
◀川越富洲原駅
川越富洲原駅。昭和50年代には各駅にあった売店は廃止され、跡地に自販機等が置かれた。

平成20年

撮影：牧野和人
◀近鉄の検測車
検測車「はかるくん」を牽引して、益生〜伊勢朝日間を走る電動貨車のモト90形。

現在

◀益生駅の全景
下り線のみに待避施設を持つ益生駅。駅前は背の高いマンションが建つ静かな佇まい。

🚶 古地図探訪
益生、伊勢朝日、川越富洲原駅付近

　参宮急行電鉄伊勢線（現・近鉄名古屋線）には、益生、町屋、朝日（現・伊勢朝日）、川越、富洲原駅が置かれている。このうち、町屋駅は昭和20年に廃止されている。また、同年には川越、富洲原駅が統合され、両駅の中間地点に移転し、平成21年に川越富洲原駅に駅名を改称している。

　地図上には、朝日村、川越村の表記があり、現在はそれぞれ、朝日町、川越町に変わっている。なお、富洲原町は後に四日市市に編入されている。伊勢線の東側を走るのは、東海道（国道1号）である。一方、地図上の南部では西側を走る国鉄関西本線には、朝日駅はまだ誕生していない。

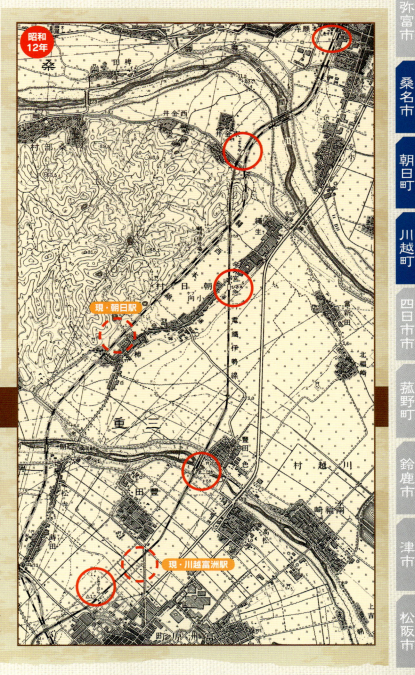

昭和12年

現・朝日駅

現・川越富洲駅

名古屋市　蟹江町　弥富市　桑名市　朝日町　川越町　四日市市　菰野町　鈴鹿市　津市　松阪市

35

Kintetsu-Tomida St.

近鉄富田
きん てつ とみ だ

三岐鉄道の黄色い電車が寄り添う
四日市市北部の拠点は近鉄富田駅

【近鉄富田駅】

開業年	昭和4（1929）年1月30日
所在地	三重県四日市市富田1－26－19
キロ程	31.6km（近鉄名古屋起点）
駅構造	地上駅
ホーム	2面2線（三岐鉄道は除く）
乗車人員	9,578人

昭和47年

▲工事用の貨車

保線設備のある駅等では、工事列車用等に残る2軸貨車の姿を見る機会もあった。この緩急車は小さな部屋を中央に配置した私鉄によくあるタイプ。

昭和38年

所蔵：フォト・パブリッシング

▲近畿日本富田駅のホーム風景

四日市方面への通勤客だろうか。下り列車ホームは混雑している。狭軌用車両に標準軌の台車を履かせた車両は、線路幅に比べて小柄に見える。

平成23年

撮影：岩堀春夫

◀三岐鉄道三岐線

近鉄富田駅の上りホーム西側に三岐鉄道ののりばがある。発車する電車は元西武鉄道の411系。

昭和47年

撮影：岩堀春夫

▲三岐鉄道三岐線

近鉄の上り列車がすぐ隣で発着するホームで発車を待つ、三岐鉄道の保々行き列車。

旧東海道の散策にも便利な立地

　名古屋線はJR関西本線と三岐鉄道を跨ぎ、急曲線、急勾配の築堤を下りると近鉄富田駅に到着する。駅の桑名方に踏切があり、踏切より通りの東側に商店街が続いている。一見、古い住宅街のような駅周辺の佇まいだが、ホームの西側を見ると県立高校のグランドが隣接し、その先にはゆったりとした水田が広がっている。

　当駅は伊勢電気鉄道の四日市～桑名間の開業とともに開設された。開業時の駅名は「西富田」で、現在の近鉄富田駅と改称したのは昭和45（1970）年3月1日。同年6月25日には三岐鉄道が三岐朝明駅（現・三岐朝明信号場）～当駅間に近鉄連絡線を開業して当駅へ乗り入れた。それまで三岐鉄道は、JR関西本線の富田駅に乗り入れていた。現在、富田駅に三岐鉄道の旅客列車は発着し

ておらず、貨物列車の専用駅になっている。

　かつての地場産業だった捕鯨に因み、クジラを模った西口駅舎は平成20（2008）年11月29日に開設された。特急以外の全定期列車が停車するものの、構内に待避設備はない。また上り列車と三岐鉄道は同じホームで乗り換えることができ、ホームに中間改札口等は設けられていない。

　駅の東側に建つJR富田駅へは、富田3丁目の細道を徒歩5分ほど。両駅を分けるように旧東海道が町内を南北に走る。十四川近くに石造りの常夜灯が残る街道筋には古寺、名刹が並ぶ。中でも駅から徒歩7分ほどの所に建つ薬師寺のご本尊薬師如来は、弘法大師の作と伝えられる平安時代のもの。戦国時代に祀られていた祠を焼かれたが、像は焼失を免れ、現在の寺に安置されたという。

国鉄富田駅構内と三岐鉄道富田駅ホーム

国鉄の富田駅構内にある三岐鉄道本来の富田駅。今日ではホームに旅客電車を見ることもないが、JRとの間で行われる貨物の受け渡し業務は健在。電気機関車が列車を牽く。

撮影：岩堀春夫

昭和48年

撮影：岩堀春夫

近鉄富田駅ホーム

水溜りのできたホーム。四日市方は長らく、先端部まで上屋で被われていなかった。

昭和58年

提供：近畿日本鉄道

近鉄富田駅ホーム

近鉄マルーン1色塗りの一般型電車と、黄色い三岐鉄道電車の取り合わせは富田駅ならではだ。

名古屋市　蟹江町　弥富市　桑名市　朝日町　川越町　四日市市　菰野町　鈴鹿市　津市　松阪市

古地図探訪

近鉄富田駅付近

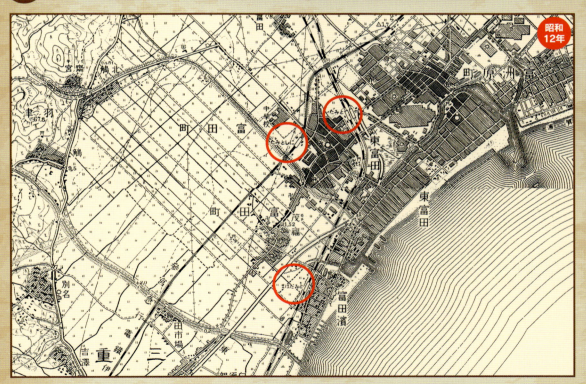

昭和12年

国鉄関西本線の富田駅、参宮急行電鉄（現・近鉄）の西富田（現・近鉄富田）駅の付近には、三岐鉄道も含めて鉄道路線が入り組んだ形になっている。両駅の間には、当時の三重郡富田町の町役場が存在していた。また、海（東）側には同じ三重郡の富洲原町が存在したが、昭和16年に「大四日市構想」の下、ともに四日市市に編入され、その一部となっている。

地図上に見える富洲原駅は現在、川越富洲原駅に駅名を改称している。国鉄線には、富田浜駅が存在している。富田駅の東側に見える工場跡地には現在、イオンモール四日市北が誕生している。

Kasumigaura St. / Akuragawa St. / Kawaramachi St.

霞ヶ浦、阿倉川、川原町

桜堤の下に広がる萬古焼の故郷
霞ヶ浦駅、阿倉川駅、川原町駅

【霞ヶ浦駅】

開 業 年	昭和4（1929）年1月30日
所 在 地	三重県四日市市八田1－14－2
キ ロ 程	33.5km（近鉄名古屋起点）
駅 構 造	地上駅
ホ ー ム	2面2線
乗 車 人 員	1,837人

【阿倉川駅】

開 業 年	昭和4（1929）年1月30日
所 在 地	三重県四日市市阿倉川8－9
キ ロ 程	34.6km（近鉄名古屋起点）
駅 構 造	地上駅
ホ ー ム	2面4線
乗 車 人 員	2,222人

【川原町駅】

開 業 年	昭和4（1929）年1月30日
所 在 地	三重県四日市市本郷町1－1
キ ロ 程	35.7km（近鉄名古屋起点）
駅 構 造	下り：高架駅／上り：地上駅
ホ ー ム	2面2線
乗 車 人 員	704人

昭和54年

提供：近畿日本鉄道

◎霞ヶ浦駅
改築される前の霞ヶ浦駅は、瓦屋根を有した木造駅舎だった。四日市競輪場の最寄り駅であり、かつては駅前から送迎バスが運行されていた。

平成21年

▶霞ヶ浦付近を走る特急
県道が線路を跨ぐ近鉄富田～霞ヶ浦間を行く下り特急列車。前の2両は平成4年に登場した22000系。2代目ACE（エース）の称号をもつ。

撮影：岩堀春夫

新築駅に萬古焼の凝った意匠が

　霞ヶ浦駅は、四日市競輪、オーストラリア記念館（旧大阪万国博覧会オーストラリア館）等、四日市市の臨海部に並ぶ施設の最寄り駅である。

　伊勢電が四日市～桑名間を開業した際に開設した羽津駅が始祖になる。名古屋線開業と同じ年の7月5日、現霞ヶ浦駅の500メートル桑名寄りに臨時の霞ヶ浦駅が開業した。付近は当時、地元では人気の海水浴場だった。霞ヶ浦駅は後に常設駅となったが、昭和18（1943）年10月22日に廃止。同時に羽津駅が現所在地に移設された。霞ヶ浦駅と改称したのは昭和25年6月5日のことだ。

阿倉川駅正面にはショッピングセンター

　四日市市内を流れる海蔵川の北方に建つ阿倉川駅。準急と普通列車が停車する。列車のりばは、上下線とも

に待避線を備えるホーム2面4線。構内西側に建つ駅舎とは地下道で行き来できる。

　駅の正面に大きなショッピングセンターが建つ。周辺は隣の川原町駅まで、萬古焼の工房が集まっている。海蔵川の堤には1.5キロメートルほどに亘って桜並木が続き、開花期には桜まつりが開催されて大いに賑わう。

周辺には萬古焼の工房が多い

　海蔵川と三滝川に挟まれた萬古焼が盛んな地域に建つ川原町駅。こちらも準急と普通が停車する。平成22年から続けられてきた駅周辺の高架化工事は平成26（2014）年10月25日に下り線、平成28年5月8日に上り線の高架化が完了し、新駅舎の全面供用が開始された。副駅名「萬古焼の郷」もホーム駅名票に記載されている。また、ホーム上の架線中にも萬古焼のタイルが貼られ、地場産業をアピールしている。

▶川原町駅

平成28年に高架駅が完成した川原町駅も、昭和50年代には小屋のような駅舎が建つ小駅だった。

昭和54年

提供：近畿日本鉄道

現在

▶阿倉川駅の駅舎

阿倉川駅最寄りに朝鮮小中級学校があり、昭和50年代の構内には民族衣装風の制服を着た学生の姿があった。

昭和50年

提供：近畿日本鉄道

◀川原町駅

平成28年に高架駅が完成したため使用されなくなった地上ホーム。

🚶 古地図探訪

霞ヶ浦、阿倉川、川原町駅付近

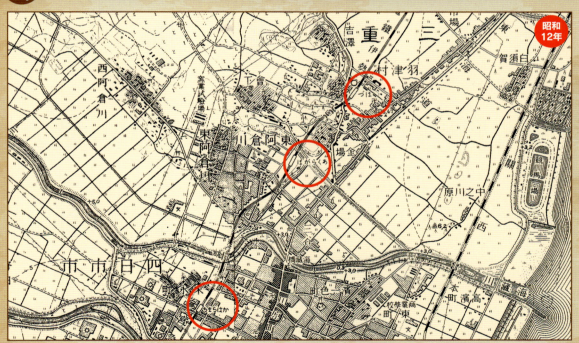

昭和12年

海岸沿いを走る国鉄関西本線には、この付近には駅が存在しない一方、参宮急行電鉄の伊勢線（現・近鉄名古屋線）には移転、駅名改称する前の羽津駅とともに阿倉川、川原町の3駅が置かれている。羽津駅は現在の霞ヶ浦駅の前身である。

この当時、霞ヶ浦の海岸は美しい砂浜が広がり、競馬場が存在した。現在は沖合が埋め立てられ、競馬場の跡地に四日市競輪場、霞ヶ浦緑地公園が誕生している。また、現在はJR線の東側に名四国道（国道23号）が通っている。地図の下（南）側を流れる海蔵川には、東海道（国道1号）が通る海蔵橋が架かっている。

Kintetsu-Yokkaichi St.

近鉄四日市
きん　てつ　よっ　か　いち

善光寺カーブに車輪を軋ませたのも
今では遠い日の思い出近鉄四日市駅

【近鉄四日市駅】

開業年	大正11（1922）年3月1日
所在地	三重県四日市市安島1－1－56
キロ程	36.9km（近鉄名古屋起点）
駅構造	高架駅
ホーム	3面6線
乗車人員	21,686人

昭和39年

撮影：荻原二郎

▲大きさの違う列車が並ぶ

湯の山線が標準軌に改軌された後も、地上ホーム時代には内部・八王子線のナロー（狭軌）電車とホームで並んだ。

昭和39年

撮影：荻原二郎

▲近畿日本四日市駅

昭和31年9月に現在地に移転し、諏訪駅から近畿日本四日市駅に名称を変更した。この頃は地上駅であり、昭和45年3月に近鉄四日市駅となり、その後に高架駅となった。

現在

◀近鉄四日市駅

近鉄百貨店四日市店が入った、地上11階、地下1階の駅ビルに生まれ変わった近鉄四日市駅。改札・コンコースは2階、ホームは3階にある。

昭和39年

撮影：荻原二郎

▲近畿日本四日市駅ホーム風景

10100系「ビスタカー」の名阪ノンストップ特急が通過して行く。市街地に敷かれた急カーブをそろりそろりと進んでいた四日市駅付近とは、隔世の感である。

力技で敷設した四日市市内の鉄路

　三重県下で1位の乗降客数はいうにおよばず、東海地方の政令指定都市の拠点駅と比べても、決して引けを取らない集客力を誇る近鉄四日市駅。高架ホームには名古屋線と湯の山線が乗り入れている。

　名古屋線の元となった伊勢鉄道は、大正11（1922）年3月1日に海山道～新四日市間を延伸開業。終点駅は省線（国鉄→JR）四日市駅前に設置された。昭和4（1929）年1月30日には四日市～桑名間が開業し、現在の諏訪栄町交差点の北西方に諏訪駅が開業する。

　四日市駅と桑名駅の間を延伸する際、四日市市内を抜ける経路はいかにも厳しいものだった。四日市駅から、線路は左へほぼ直角に曲がり、諏訪駅の先で右手に大きく曲がって、現在の名古屋線が国道164号線から続く通りを跨ぐ辺りで、現路線と合流していた。

　特に旧四日市駅近くの善光寺カーブと呼ばれた半径100メートルの超急曲線は、大型の鉄道車両の入線を受け付けず、列車運行上の大きな障害になっていた。そして太平洋戦争末期に設立され、名古屋線を手中に収めていた近鉄は、四日市周辺の区間で大規模な路線変更を行うという英断を下した。

　昭和31（1956）年9月23日、名古屋線海山道～川原町間が路線変更され、廃線区間内にあった四日市駅は廃止。近鉄と三重交通の諏訪駅を現在地に移転して、近畿日本四日市駅と改称した。

　昭和39年3月23日には湯の山線が標準軌に改軌。ナロー路線の内部線と分断された。また、昭和45年3月1日に現在の近鉄四日市駅と改称した。

🚶 古地図探訪

近鉄四日市駅付近

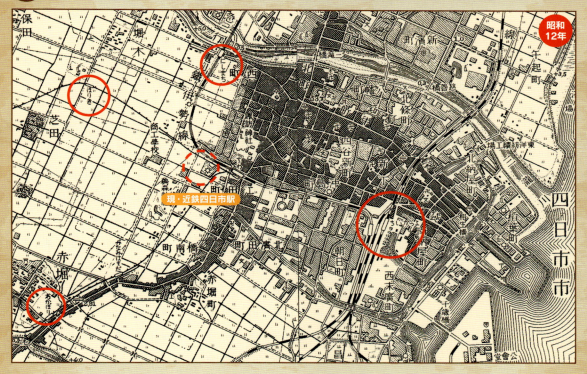

昭和12年

現・近鉄四日市駅

　埋め立てが進められる前の四日市市街の地図であり、きれいな海だった伊勢湾には、午起海水浴場があった。海（東）側を走るのは国鉄の関西本線で、四日市駅が置かれている。一方、私鉄の路線はまだ統合などが行われておらず、参宮急行電鉄の伊勢線（現・近鉄名古屋線）に近鉄四日市駅の前身である、諏訪駅が存在し、三重交通三重線の各線が発着していた。また、その北側には昭和22年に廃止された西町駅も記されている。

　駅の北側（現在は駅の北東）には、駅名の由来となった諏訪神社が鎮座しており、この駅が昭和31年に現在地に移転して、近畿日本四日市（現・近鉄四日市）駅となっている。市街地を流れる三瀧川には、慈善橋、三滝橋が架かっている。

高架化で近代的に生まれ変わった

　昭和40年代に入ると、増え続ける自動車に対して、街中の導線を東西に分断していた近鉄の四日市駅は、周辺を含めて高架化されることとなった。昭和46年から着工された工事は、昭和49年7月に竣工。以降、東口の駅ビルが増築され、現在の姿になった。

　名古屋線で有数の規模を誇る当駅には、もちろん駅長が常駐する。名古屋線川原町駅〜楠間と、湯の山線の全駅を管理する。構内東側に建つ駅ビルは地上11階、地下1階で2階が改札階で3階がホーム階。3面6線の高架ホームには乙特急以下の全列車が停車する。近鉄名古屋〜賢島間の「しまかぜ」は、近鉄名古屋駅と伊勢志摩エリアの駅以外では唯一、当駅に停車する。また、名阪甲特急でも、夜間に運転される名古屋行き1本が停車する。

　平成27（2015）年3月までは近鉄内部・八王子線だった、四日市あすなろう鉄道も近鉄時代と変わらず、高架下に健在。改札口は別個に設けられているが、これも近鉄時代と同じだ。

　三重県最大の都市、四日市の中でも最も賑わう諏訪栄町が至近の四日市駅は、近鉄百貨店が入る駅ビルを持ち、すっかり周囲の繁華街と同化している。駅の右手に続く諏訪栄町の飲食店街では、すっかりご当地グルメとして知られた「四日市トンテキ」を出す食堂が点在している。

　駅の正面を中央通り沿いに僅か1キロメートルしか離れていないにも関わらず、静かなたたずまいを見せるJR四日市駅の周辺とは対照的。厳しい線形を捨てて、繁華街に新天地を求めた近鉄の決断は、今日の盛況を見るにつけ賢明だったといえよう。

41

昭和
39年

撮影：荻原二郎

▲ビスタカー

地上ホーム時代の近畿日本四日市駅を通過する10100系の名阪特急。普通列車には武骨な旧型車が多く見られ、ホームの群衆も昭和レトロな雰囲気の中、「ビスタカー」は際立つ存在だった。

昭和
39年

撮影：荻原二郎

▶旧塗装の普通列車

2連で発車を待つ津新町駅行きの普通列車は、旧塗装時代の1600系。高性能車通勤形電車の先駆けとなった。

昭和
37年頃

提供：四日市立博物館

◀近畿日本四日市駅周辺

近鉄四日市駅と背後の鈴鹿山系を遠望する。画面の右手でかつて近鉄の旧線が、曲がりくねった鉄路をつくっていた。

昭和48年

撮影：J.WALLY HIGGINS

昭和62年

撮影：荻原三郎

⬆高架工事中の近鉄四日市付近

高架化工事中の四日市駅付近を行く準急。平田町行きは鈴鹿線への直通列車。列車前面の文字や縁取りに赤色が用いられている準急の金属製行き先表示板は、他地域では緑色のものもあった。

◀近鉄四日市駅の駅舎

近鉄百貨店が入り、現在の装いに近くなった四日市駅ビル。白亜のビルは当時25万人超の街の玄関口にふさわしい姿だ。

現在

⬆近鉄四日市駅の湯の山線ホーム

5番ホームで発車を待つのは、湯の山線運用に就く2444系。前面には古風なデザインの行先看板を掲げている。

現在

撮影：牧野和人

⬆湯の山線ホームの全景

駅ビルに見守られて高架ホームを発車して行く湯の山線の列車。構内の外れで、大きく左手にカーブして山麓を目指す。

中川原、伊勢松本、伊勢川島、高角

松本街道に沿って敷かれたナロー鉄道
今では四日市への通勤路線に変貌した

昭和
32年

撮影：J.WALLY HIGGINS

現在

⬠中川原駅

中川原駅の駅舎は、上り（1番線）ホームの湯の山温泉駅寄りに設置されている。下り（2番線）ホームとは構内踏切で連絡している。

◀240形と付随車

軌間762ミリメートル時代の湯の山線四日市駅を行くモ240形。構内では内部線（現・四日市あすなろう鉄道）の線路と繋がっていた。

　大正2（1913）年9月、軽便鉄道の四日市鉄道としてスタートしたのが、近鉄湯の山線である。三重鉄道、三重交通、三重電気鉄道を経て、昭和39（1964）年に標準軌に改軌、翌年に近鉄線の一部となった歴史をもつ。現在は、平成30（2018）年に開湯1300年を迎える、湯の山温泉のヘッドマークをつけた列車が走っている。

　近鉄四日市駅を出た湯の山線は、四日市市内を北西に進む。最初に到着する駅は中川原駅である。この中川原駅は大正2年9月、四日市鉄道の諏訪（現・近鉄四日市）〜川島村（現・伊勢川島）間の開通時に開業している。現在の駅の構造は相対式ホーム2面2線を有する地上駅である。

　次の伊勢松本駅も、中川原駅と同じ大正2年9月の開業である。開業時の駅名は「松本村」で、大正15年に現在の駅名に改称した。駅の構造は島式ホーム1面2線の地上駅である。

　伊勢川島駅は大正2年6月、四日市鉄道の川島村〜湯ノ山（現・湯の山温泉）間の開通時に起終点駅として開業した。開業時の駅名は「川島村」で、同年9月に諏訪駅まで延伸し、途中駅となっている。現在の駅名に改称したのは昭和29年7月である。昭和51年12月に現在のような橋上駅舎を有する、相対式ホーム2面2線の駅となった。

　この付近の湯の山線は、国道477号と三滝川に沿うように進んでゆく。次の高角駅も伊勢川島駅と同じ大正2年6月の開業である。駅の構造は相対式ホーム2面2線の地上駅で、跨線橋はなく、構内踏切を使ってホーム間を連絡する形である。

【中川原駅】

開業年	大正2（1913）年9月24日
所在地	三重県四日市市中川原2－2－14
キロ程	1.7km（近鉄四日市起点）
駅構造	地上駅
ホーム	2面2線
乗車人員	923人

【伊勢松本駅】

開業年	大正2（1913）年9月24日
所在地	三重県四日市市松本3－3－8
キロ程	2.8km（近鉄四日市起点）
駅構造	地上駅
ホーム	1面2線
乗車人員	1,517人

【伊勢川島駅】

開業年	大正2（1913）年6月1日
所在地	三重県四日市市川島字川原1052
キロ程	5.3km（近鉄四日市起点）
駅構造	地上駅（橋上駅）
ホーム	2面2線
乗車人員	1,298人

【高角駅】

開業年	大正2（1913）年6月1日
所在地	三重県四日市市高角町字境田2193－4
キロ程	6.7km（近鉄四日市起点）
駅構造	地上駅
ホーム	2面2線
乗車人員	客　　558人

現在

撮影●牧野和人

▲伊勢松本〜伊勢川島間

夕刻の伊勢松本〜伊勢川島間を行く。湯の山線は街道沿いの沿線故、旧国名の伊勢を名前に関した駅が続く。

🚶 古地図探訪

中川原、伊勢松本、伊勢川島、高角駅付近

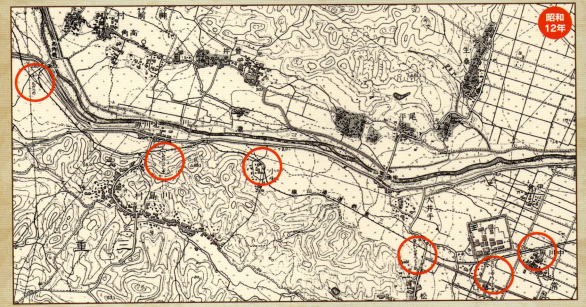

昭和12年

　三瀧川に沿って走る三重鉄道湯ノ山線（現・近鉄湯の山線）に中川原、製絨所前、伊勢松本、小生（こも）、伊勢川島、高角の6駅が置かれている。このうち、小生駅と製絨所前駅は、昭和44年に正式に廃止されている。中川原駅にも近い製絨所は現在、東洋紡三重工場となっている。現在は四日市市に含まれる沿線地域だが、この当時は常磐村、川島村、神前村が存在していた。伊勢松本駅付近の南東側に見える道路は、後に松本街道として整備されている。

桜、菰野、中菰野、大羽根園

歴史ある菰野町の駅前に学生達が集う
終点近くでは鈴鹿の山並みが見え出す

【桜駅】	
開 業 年	大正2(1913)年6月1日
所 在 地	三重県四日市市智積町字武佐412−1
キ ロ 程	8.7km（近鉄四日市起点）
駅 構 造	地上駅
ホ ー ム	2面2線
乗 車 人 員	2,154人

【菰野駅】	
開 業 年	大正2(1913)年6月1日
所 在 地	三重県三重郡菰野町大字菰野字辰己野892
キ ロ 程	11.3km（近鉄四日市起点）
駅 構 造	地上駅
ホ ー ム	2面3線
乗 車 人 員	1,537人

【中菰野駅】	
開 業 年	大正2(1913)年6月1日
所 在 地	三重県三重郡菰野町大字菰野杉ノ木2189
キ ロ 程	12.6km（近鉄四日市起点）
駅 構 造	地上駅
ホ ー ム	1面2線
乗 車 人 員	590人

【大羽根園駅】	
開 業 年	昭和39(1964)年3月23日
所 在 地	三重県三重郡菰野町大字菰野字野中3928−6
キ ロ 程	13.5km（近鉄四日市起点）
駅 構 造	地上駅
ホ ー ム	1面1線
乗 車 人 員	客　　397人

現在
◀ **菰野駅の駅舎**
菰野駅入口付近。駅前の歩道よりも高上げされた部分に駅舎が建つ。

昭和39年

撮影：荻原二郎

◀**菰野駅のホーム全景**
菰野は室町時代から鈴鹿山脈を超える険路の麓にある街として栄えたところ。湯の山線を利用して登山を楽しむハイカーも多く乗降した。

　近鉄湯の山線は東名阪自動車道を越えて進み、次の桜駅が四日市市内最後の駅となる。現在の駅は、初代の駅（県道753号沿いの商店街の一角）から北に約0.2キロ移設された位置にある。大正2(1913)年6月、桜村駅として開業し、昭和29(1954)年7月に現在の駅名「桜」に改称した。湯の山線の改軌に伴い、昭和39年3月に移転している。駅の構造は相対式ホーム2面2線の地上駅で、改札、コンコースは地下に設けられている。

　これから先は菰野町に入り、同町内を走ることになる。菰野町は人口約4万人、近年は住宅地として開発される地区もあり、町としては県内最大の人口を誇る。菰野町の中心駅は菰野駅である。大正2年6月の開業で、単式1面1線、島式1面2線のホームをもつ。かつてはこの駅折り返しの列車があり、島式ホーム南側の3番線を使用していた。

　中菰野駅も桜、菰野駅と同様、大正2年6月に開業した後、大正、昭和期に約10年間、休業していた歴史がある。島式ホーム1面2線の地上駅で、駅舎とホームは構内踏切で連絡している。

　湯の山線、国道477号の北側に開発された大羽根住宅地の最寄り駅として、昭和39年3月に新設されたのが大羽根園駅である。中菰野駅との距離はわずか0.9キロで、湯の山線では唯一の単式1面1線の地上駅で、無人駅である。

昭和39年

撮影：荻原二郎

昭和40年代

提供：菰野町教育委員会

▲菰野駅の駅舎

朝の菰野駅前。最寄りの中、高校へ通う学生を捌くために、駅舎外に設置された改札口が使われていた。

◀菰野駅ホームに並ぶ6261形

男子学生で賑わう菰野駅の構内に並ぶモ6261形。合造車の台枠等を利用して製造された古参車両は、中型車の多かった名古屋線系統では希少な19メートル車だった。昭和49年頃まで活躍した。

現在

撮影：牧野和人

▲桜〜菰野間

桜〜菰野間の中野宿付近には、旧線区間の一部が残る。右に曲がった線路の先に車止めあり、保線用の側線として活用されている。

現在

▲大羽根園駅

昭和39年3月の三重電気鉄道時代に、湯の山線に新しく開業した大羽根園駅。駅舎のない、単式ホームの無人駅である。

🚶 古地図探訪

桜、菰野、中菰野駅付近

　緩やかなカーブを繰り返しながら、三重鉄道湯ノ山線（現・近鉄湯の山線）は北西に延びてゆく。桜村にある桜村駅は後に桜駅となり、現在は四日市市に含まれている。その先に見える神森駅と宿野駅は、昭和44年に廃止されている。菰野町内には、菰野駅と中菰野駅が置かれており、両駅の南側に広がる丘陵地帯には現在、菰野倶楽部ジャック・ニクラウスゴルフコースが誕生している。桜村駅の西側に見える「文」の地図記号は、現在の四日市市立桜小学校であり、その南には昭和50年に三重県立四日市西高校が開校している。

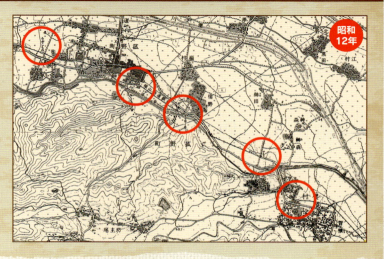

昭和12年

名古屋市
蟹江町
弥富市
桑名市
朝日町
川越町
四日市市
菰野町
鈴鹿市
津市
松阪市

Yunoyama-onsen St.

湯の山温泉

ゆ　やま　おん　せん

終点駅からバスに揺られて御在所岳へ
駅の横には地元の乾きを潤す用水路が

【湯の山温泉駅】

開 業 年	大正2（1913）年6月1日
所 在 地	三重県三重郡菰野町大字菰野字菟4852−2
キ ロ 程	15.4km（近鉄四日市起点）
駅 構 造	地上駅
ホ ー ム	2面2線
乗 車 人 員	318人

現在

撮影：牧野和人

⬆湯の山温泉駅の駅舎

駅名が変わり、看板が架け替えられた駅舎付近。広々とした駅前は日中、バス、タクシーもまばらで人影もなく、閑散としている。

昭和39年

撮影：荻原二郎

⬆湯ノ山駅付近

戦後間もなく、名古屋線の増強を目的に投入された6261形は、晩年、湯の山線にも入線。コンクリート壁の白が眩しい湯の山温泉駅を発車。

昭和39年

撮影：荻原二郎

⬆湯ノ山駅のホーム

温泉山岳観光の拠点として、新装間もない終点駅の構内に佇む旧塗装時代の1600系。湯ノ山駅から湯の山温泉駅に改称したのは昭和45年3月1日。

▶湯ノ山駅の駅舎

建て替え前の湯の山駅。ハイシーズンには小さな駅舎が、御在所岳を目指すハイカーで溢れた。

昭和30年代

湯の山

提供：菰野町教育委員会

現在

撮影：牧野和人

◀湯の山温泉駅のホーム

昼間の湯の山温泉駅はもっぱら駅舎側の1番線を使用。終端部でホーム2面が繋がっている。

　鈴鹿国定公園、御在所岳の麓に開かれた湯の山温泉の玄関口であり、近鉄湯の山線の終着駅の役割を果たしてきたのが、湯の山温泉である。この駅から温泉地までは、バスで約10分の距離がある。

　湯の山温泉駅は大正2（1913）年6月、四日市鉄道の湯ノ山駅として開業している。昭和40（1965）年4月、近鉄線の一部となり、同年7月には名古屋線、大阪線からの直通特急もやってくるようになった（現在は廃止）。昭和45年3月、現在の「湯の山温泉」に駅名を改称している。

　湯の山温泉は、奈良時代の養老2（712）年に発見された名湯で、最澄（伝教大師）開基の天台宗の寺院、三嶽寺

とともに湯治場として栄え、現在も20軒ほどの旅館、ホテルが存在する。かつては昭和天皇が宿泊し、作家の志賀直哉も滞在して短編『菰野』を執筆した。現在は日帰り入浴も可能で、食と癒しのリゾート「アクアイグニス」も誕生している。

　この湯の山温泉から、標高1212メートルの御在所岳山頂までは、昭和34年4月に御在所ロープウェイで結ばれ、アクセスが便利になった。湯の山温泉〜山上公園間の2.1キロを結ぶもので、三重交通の子会社である御在所ロープウェイ株式会社が運営している。また、山上公園駅から頂上まではリフトも運行されている。

撮影：荻原三郎

⛰ 湯ノ山駅の駅前風景

湯の山は御在所岳へのアクセス駅。鉄道駅から数キロ離れた温泉街やロープウェイのりばまでは、三重交通のバスが連絡していた。夏休みや秋の紅葉シーズンを迎えると、駅前にはバスを待つ行楽客が長い列をつくった。駅舎の前面はバスターミナルの形状になっている。

🚶 古地図探訪
大羽根園、湯の山温泉駅付近

昭和 43年

　国道477号とともに西から延びてきた近鉄湯の山線の終着駅として、湯ノ山（現・湯の山温泉）駅が置かれている。ここから湯の山温泉には、さらに国道477号あるいは三重県道577号湯の山温泉線を、北西方向に進むことになる。また、地図の中央には三滝川、北側には鳥井戸川の流れがある。鳥井戸川の北には湯の山ゴルフ場があり、昭和41年に現在の名称である、三重カンツリークラブに変わっている。地図の右（東）側には、昭和39年に開業した新設駅の大羽根園駅が見える。

四日市あすなろう鉄道 旧近鉄内部線、八王子線

明治44（1911）年の12月に設立された三重軌道が大正元（1912）年10月に開業した南浜田～日永間の路線が、現在の四日市あすなろう鉄道内部線の前身である。一方、同年8月に開業した日永～八王子村（後の伊勢八王子）間の路線が、同鉄道八王子線の前身となっている。両線ともに三重鉄道、三重交通などをへて、近鉄線の一部となった後、BRT（バス高速輸送システム）化の計画があったものの、平成26（2014）年3月に四日市あすなろう鉄道が設立されて、路線が存続した。

内部線は、近鉄名古屋線の近鉄四日市駅と連絡する、あすなろう四日市駅と内部駅を結ぶ全長5.7キロの路線で、赤堀、日永、南日永、泊、追分、小古曽の途中駅を含む8駅が存在する。途中の日永駅から八王子線が分岐しており、こちらは全長1.3キロと短く、終点駅の西日野駅との2駅のみの路線である。両線ともに軌間762ミリの特殊狭軌線で、戦前の軽便鉄道時代には、気動車が走っていた。

昭和40年

撮影：荻原二郎

●伊勢八王子行きの列車

四日市駅で標準軌化された湯の山線と並ぶ内部線の列車。客車改造の付随車を、落ち着いた塗色の電動車が牽引するおとぎ話のような編成があった。

昭和35年

所蔵：フォト・パブリッシング

●内部行きの列車

現在も三岐鉄道北勢線で運転されている200系こと、元三重交通のモ4400形。湯の山線改軌後、内部・八王子線を経て北勢線に転属した。

昭和48年

撮影：J.WALLY HIGGINS

●日永駅

日永駅で内部線のホームを発車した四日市行き上り列車。現在も北勢線に保存されているモニ220形よりも、若干丸みを帯びた姿のモ230形。

昭和48年

撮影：J.WALLY HIGGINS

●室町駅を発車して伊勢八王子に向かうモ230形

近鉄統合後の内部八王子線で活躍した小型車。モ230形は元松阪鉄道のデ31形。松阪線では全線の廃止まで、主力車両として使われ続けた。

平成27年

撮影：牧野和人

◀最新型の列車

四日市あすなろう鉄道になって久々投入された新車は、旧塗装をイメージした塗り分けで登場した。

▶内部駅の風景

内部八王子線用の車両は、近鉄時代末期、一編成ごとに異なるカラフルな色に塗装変更された。

平成25年

撮影：牧野和人

昭和13年頃

⬆昭和3年製のデハニ51

四日市鉄道時代には古典路面電車のようなポールによる集電が行われていた。デ50形は田中車両（現・近畿車両）が手掛けた昭和3年製。

昭和48年

⬆内部付近

四日市駅から内部へと延びるナロー路線の沿線は、水田の広がる田園地帯だった。おもちゃのような小さい電車も、のんびりと走っていた。

昭和60年

◀内部線を走るミニ車両

現在も残る旧型車両は、更新化改造の結果、原型とは異なる外観になっている。側面に面影が残る。

撮影：岩堀春夫

昭和35年

所蔵：フォト・パブリッシング

⬆近鉄の電気機関車

近畿日本四日市駅のホームで付随車を連結して佇む72号電気機関車。同僚の71号が北勢線で長きに渡って姿を留めていたのに対して、短命に終わった。

昭和32年

撮影：J.WALLY HIGGINS

⬆260形と付随車

古めかしいナロー電車が走っていた時代にも、華やかな春色で飾られた沿線風景があった。3両編成の先頭に立つモ261は、昭和26年に付随車サ440形を電装化したモ260形。

Shinsho St. / Miyamado St.

新正、海山道
しん　しょう　み　やま　ど

工業地帯へ向かう途中に建つ新正駅
近鉄で難読駅といえばこの海山道駅

【新正駅】

開業年	昭和50（1975）年7月20日
所在地	三重県四日市市新正4-5-20
キロ程	38.1km（近鉄名古屋起点）
駅構造	高架駅（盛土上）
ホーム	2面2線
乗車人員	668人

【海山道駅】

開業年	大正8（1919）年10月25日
所在地	三重県四日市市海山道2-80-1
キロ程	39.6km（近鉄名古屋起点）
駅構造	地上駅
ホーム	2面2線
乗車人員	902人

昭和50年

提供：近畿日本鉄道

昭和62年

撮影：荻原三郎

🔼新正駅ホーム

新正は昭和50年に新設された四日市市郊外の駅。築堤上のホームからは、西方に御在所岳等、鈴鹿山脈が遠望される。

◀新正駅の駅前風景

昭和50年の第30回国民体育大会は夏、秋大会を三重県で開催。新正は陸上競技場等の最寄り駅となった。

無人化された高架ホームのある駅

緑地帯を望む高架上に新正駅がある。昭和50（1975）年7月20日、近鉄四日市～海山道間に新設開業した。駅舎は構内西側の地上部にあり、上下線のホームとは階段で繋がる。普通列車のみが停車し、一日当たりの平均乗車人員は平成25（2013）年で668人。90年代より微増し続けているが、閑散駅であることに変わりはなく、平成26年12月21日に終日無人化された。

駅構内の南側を、天白川に注ぐ水路が流れている。駅の南側には、野球場や陸上競技場、体育館等の運動施設を備えた中央緑地、下水道施設の日永浄化センターがある。また、名古屋線は浄化センター付近でJR関西本線を跨ぐ。関西本線の西側には、キョウチクトウ等が植えられた、浜田緑地が続いている。関西本線のさらに東側には国道23号線の高い高架があり、その下を塩浜駅まで延びる貨物線が潜っている。また、四日市あすなろう鉄道内部線の赤堀駅とは、駅の下を潜る道を西へ700メートルほど離れている。

ホームの東側にJR貨物線が並ぶ

近鉄屈指の難読駅は「みやまど」と読む。大正8（1919）年10月25日の楠～海山道開業で終点駅として開業。しかし、大正11年3月1日には当駅～新四日市間が開業して途中駅になった。

狭軌線時代には交換施設を備えていたが、昭和16（1941）年8月18日に塩浜～当駅間、昭和27年10月31日に当駅～鹿化川分岐信号場間が複線化され、そのままの線形で標準軌化されて今日に至っている。

名古屋線を境に、駅の東西で風景は全く異なる。線路の西側となる駅前からは、海山道稲荷神社への参道が延び、うっそうとした木々の緑が、閑静な雰囲気を湛えている。一方、東側にはJR四日市駅と塩浜駅を結ぶ貨物線が並行し、その向こうには三菱化学の巨大なプラントがある。かつては工場まで専用線が延び、貨車の授受が行なわれていた。しかし、平成23（2011）年4月に廃止された。海山道駅もまた、平成26年12月21日に終日無人化された。

平成3年

海山道駅付近の旧線跡
背後に神社の杜影が茂る海山道駅。空き地部分が旧線跡である。構内の東側には改札口がなかった。西側の閑静な雰囲気とは対照的に東側には石油化学工場があった。画面手前の線路は三菱化学の専用線。

平成3年
撮影：岩堀春夫

海山道駅の駅舎
四日市の郊外で非電化の国鉄関西本線が近づく。八田〜亀山間が電化されたのは昭和57年5月17日だった。

平成3年
撮影：岩堀春夫

海山道駅付近
「アーバンライナー」が颯爽と駆け抜ける横に、貨物の専用線が並行する海山道駅付近。

古地図探訪

新正、海山道駅付近

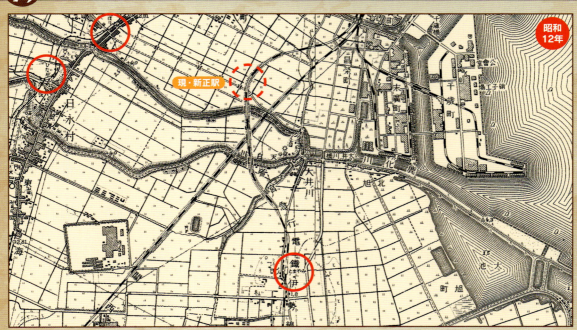

現・新正駅

昭和12年

　地図上の参宮急行電鉄伊勢線（現・近鉄四日市線）には、海山道駅が存在しているが、昭和50年に開業する新正駅はまだ記載されていない。国鉄関西本線には駅が存在せず、鹿化川（天白川）の北に見える臨海地区に引き込み線が延びている。一方、川の南側に広がる大池及び農耕地は整理され、三菱化学、昭和四日市石油、泗港変電所などの用地に変わっている。
　地図の左（西）側には日永村が存在し、この付近を走る三重鉄道（現・四日市あすなろう鉄道）には日永駅が置かれている。この駅では、内部線と八王子線が分岐している。

Shiohama St. / Kita-Kusu St. / Kusu St.

塩浜、北楠、楠

鈴鹿川を挟んで四日市市と鈴鹿市の
東部に置かれた塩浜駅、北楠駅、楠駅

【塩浜駅】

開業年	大正8（1919）年10月25日
所在地	三重県四日市市御薗町2−82
キロ程	40.8km（近鉄名古屋起点）
駅構造	地上駅（橋上駅）
ホーム	2面4線
乗車人員	2,970人

【北楠駅】

開業年	大正8（1919）年10月25日
所在地	三重県四日市市楠町北五味塚2048
キロ程	42.6km（近鉄名古屋起点）
駅構造	地上駅
ホーム	2面2線
乗車人員	956人

【楠駅】

開業年	大正6（1917）年12月22日
所在地	三重県四日市市楠町南川22
キロ程	44.2km（近鉄名古屋起点）
駅構造	地上駅
ホーム	2面4線
乗車人員	932人

昭和43年

◎塩浜駅のホーム風景

地上駅舎時代の塩浜駅では、ホームの伊勢若松寄りに構内踏切があった。左手のホームから手前に延びる通路は職員用。駅周辺には電子、石油、化学、食品等の工場が建ち並び、現在も構内は通勤客で賑わう。

提供：近畿日本鉄道

昭和59年

▶塩浜駅

幅の広い構内踏切は朝夕通勤客で混雑した。駅舎付近の植え込みは、急ぎ客の心を和ませるおもてなし。

提供：近畿日本鉄道

塩浜駅は検修庫とJR貨物線に隣接

　塩浜駅には、検修施設も備える名古屋線の古参車両基地、塩浜検修車庫が隣接している。駅の開業は伊勢鉄道楠〜海山道間開業と同じ大正8（1919）年10月25日、検修車庫は少し遅れて大正15年に塩浜工場として開設された。構内には乗務員が在籍する塩浜列車区も置かれている。

　特急以外の列車が全て停まる。ホームは待避線を備える2面4線。構内の両側に引き上げ線がある。東側にはJR貨物の塩浜駅が並行する。

廃止後に再開された北楠駅

　名古屋線が開通した後に新設された北楠駅。大正9年4月1日に開業したが、1.6キロメートル南に楠駅があり、大正15年12月16日付で廃止が認可されてしまう。しかし、昭和9年6月30日に営業を再開した。北楠駅と楠駅は、鈴鹿川派川を挟んで別の集落内にある。

　構内西側に東洋紡績楠工場が隣接している。駅舎のある東側は住宅街になっており、近くの小中学校や農協の建物があるばかりで、日中は閑散としている。

開業時は終点だった楠駅

　楠駅は大正6年12月22日、千代崎〜楠間の延伸開業時に開設。開業当時は終点駅だった。大正8年10月25日に当駅〜海山道間が延伸されて途中駅になった。

　長らくホーム2面2線の配線だったが、年月日に待避線が増設され、ホームのない通過線を待避線の間に挟む2面4線構造になった。白子駅方に側線が本線と並行しているが、ここには保線用車両等が留置されている。駅の西側にはトーアマテリアル、宝酒造の工場が建ち並ぶ。

平成 26年

🔼塩浜駅ホーム

構内には乗務員区所の塩浜列車区があり、出入区する列車に乗り降りする乗務員の姿を見る機会は多い。先輩社員とともに指差し確認。

撮影：牧野和人

昭和 54年

提供：近畿日本鉄道

🔼北楠駅の駅舎

横板張りの木造駅舎が残っていた頃の北楠駅。駅前の自転車は一旦廃止された駅とは思えない盛況ぶり。構内踏切は現在も使用されている。

平成 15年

撮影：岩堀春夫

🔼塩浜駅の構内風景

構外の自由通路で近鉄線を跨ぎ、駅の東西口を行き来できる。

昭和 54年

提供：近畿日本鉄道

◀楠駅の駅舎

楠駅には薄い壁に新建材の屋根が葺かれた簡素な造りの駅舎が建つ。

🚶 古地図探訪

塩浜、北楠、楠駅付近

この地図で伊勢湾に注ぐ川のうち、上（北）側に内部川、下（南）側に鈴鹿川が流れているが、現在は磯津橋、小倉橋が架かる内部川が鈴鹿川の本流、五味塚橋が架かる鈴鹿川が鈴鹿川派川となっている。近畿日本鉄道名古屋線には北から、塩浜、北楠、楠駅が存在する。

地図上に見える楠村は、歴史上有名な武将、楠正成の末裔が住んだ場所で、昭和15年に楠町となり、平成17年に四日市市に編入されている。北楠駅の西側には、昭和8年に東洋毛織楠工場が誕生し、現在は東洋紡績楠工場となっている。また、楠駅に隣接する工場は現在、トーア紡マテリアル本社工場となっている。

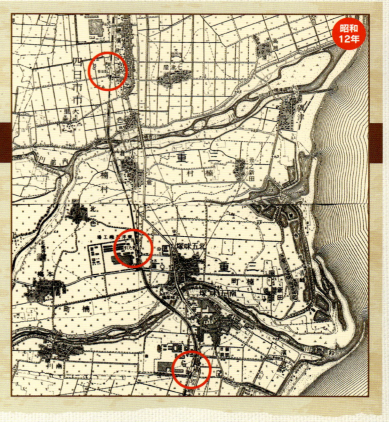

昭和 12年

Nagonoura St. / Mida St.

長太ノ浦、箕田

1時間に3本の普通を待つ長太ノ浦駅
旧村の名前を今日まで伝える箕田駅

【長太ノ浦駅】

開業年	大正6（1917）年12月22日
所在地	三重県鈴鹿市長太栄町2-18-19
キロ程	45.6km（近鉄名古屋起点）
駅構造	地上駅
ホーム	2面2線
乗車人員	730人

【箕田駅】

開業年	大正6（1917）年12月22日
所在地	三重県鈴鹿市南堀江1-18-10
キロ程	47.0km（近鉄名古屋起点）
駅構造	地上駅
ホーム	2面2線
乗車人員	492人

昭和54年

提供：近畿日本鉄道

●長太ノ浦駅の駅舎

人が二人も入れば一杯になるような広さの窓口、事務室を兼ねた部屋と小さなラッチの取り合わせは、近鉄の小さな駅で良く見られた駅舎の仕様。現在それらの多くは無人化が進む。

昭和62年

撮影：荻原二郎

●長太ノ浦駅ホーム

集落の中にある長太ノ浦駅を近鉄四日市行きの普通列車が発車して行く。ホーム中程に有効長を延ばした痕跡が見える。

終日無人化された長太町内の駅

　駅名からは長太地区の海辺にあると思われるが、実際には駅と海岸線は1キロメートルほど離れている。近鉄では難読駅の一つに数えられる長太ノ浦。しかし、周辺地域の町名には南長太、長太旭町等、ことごとく「なご」が組み合わされている。長太ノ浦の所在地も長太栄町2丁目という具合。

　伊勢鉄道楠～千代崎間の開業時に長太駅として開設されたが、昭和3（1928）年10月21日に廃止が認可された。しかし昭和18年7月1日、長太ノ浦駅として再開業した。普通列車のみが停車し、1日の平均乗車人員は平成15（2003）年以降、700人台で推移している。平成25年12月21日には終日無人化された。

　平板な風景が車窓を流れる長太ノ浦界隈だが、箕田駅との中間辺りには、県指定の天然記念物がある。「長太の大楠」と呼ばれる巨木は神社の御神木として河曲郡富村字船塚にあったものが、寛永年間（1624～1645年）に当地へ遷座されたと伝えられる。

長太旧駅とは800メートルの距離

　駅の開業時に付けられた所在地の旧村名が今日まで残る。箕田村は明治22（1889）年4月1日に町村制施行で誕生し、近隣町村合併による鈴鹿市の誕生で昭和17（1942）年12月1日に廃止された。

　かつて、隣の長太ノ浦駅（当時は長太駅）とは800mしか離れていなかった。駅の配置が再検討された結果、昭和3年に長太駅は廃止されてしまう。しかし、昭和18年には再開業を果たした。その際、箕田駅は県道沿いに家屋が並ぶ村内中心部近くの伊勢若松駅方へ、600メートル移動した。

　近年、1日当たりの乗車人員は500人を割り込み、長太ノ浦駅よりも少ない状況が続いている。駅の北東部は、水田から転用された新興住宅地が広がっているものの、近くに路線バスもない状況で、住民の足はもっぱら自家用車に頼っている。駅の周辺にある駐車場も、需要の度合いを見越してか、小ぢんまりとしている。普通列車のみが停まる旧村部の駅は、隣駅と同様、平成25年12月21日に終日無人化された。

名古屋市
蟹江町
弥富市
桑名市
朝日町
川越町
四日市市
菰野町
鈴鹿市
津市
松阪市

昭和
54年

箕田駅の駅前風景

箕田駅のある鈴鹿市北堀江地区は近在では小ぢんまりとした集落だったが、駅舎は事務室部分がある中規模なものだった。

提供：近畿日本鉄道

コラム

名鉄と乗り入れ

昭和25（1950）年から約2年半、当時軌間が一致していた、近鉄線と名鉄線は団体臨時列車のみ、相互乗り入れを行っていた。新名古屋（現・名鉄名古屋）駅と近畿日本名古屋（現・近鉄名古屋）駅を結ぶ渡り線が駅構内に存在し、名鉄から伊勢方面に、近鉄からは豊川稲荷や犬山方面に列車が直通した。なお、この時期名鉄豊川線は諏訪町までしか開業しておらず、国鉄飯田線（小坂井支線）を経由して豊川まで乗客を運んだ。

古地図探訪

長太ノ浦、箕田駅付近

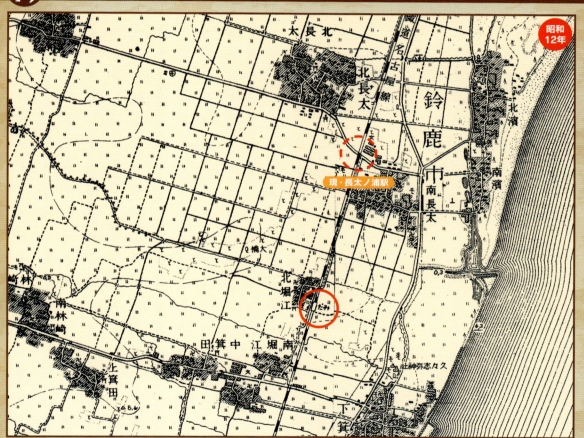

昭和
12年

現・長太ノ浦駅

　地図上に見える鈴鹿市は、鈴鹿郡に所属する庄野村、河芸郡に所属する白子町、神戸町、箕田村などが合併して、昭和17年に成立している。

　この付近では海岸沿いを走る近畿日本鉄道名古屋線には、箕田駅が見えるが、現在は北側に存在する長太ノ浦駅が記されていない。これは大正6年に伊勢鉄道の長太駅として開業したものの、昭和3年に一時、廃止されたからである。現在の駅名で再開されたのは昭和18年である。近鉄線の東側には三重県道6号が走り、地図中央東側の「南長太」の文字のある南東には鈴鹿漁港が存在している。

Ise-Wakamatsu St. / Chiyozaki St.

伊勢若松、千代崎

鈴鹿市街への鉄路が分岐伊勢若松駅
遠い夏海水浴客で賑わった千代崎駅

【伊勢若松駅】

開 業 年	大正6 (1917) 年12月22日
所 在 地	三重県鈴鹿市若松西4−17−8
キ ロ 程	48.3km（近鉄名古屋起点）
駅 構 造	地上駅
ホ ー ム	2面4線
乗 車 人 員	1,025人

【千代崎駅】

開 業 年	大正5 (1916) 年1月9日
所 在 地	三重県鈴鹿市岸岡町109−2
キ ロ 程	50.1km（大和西大寺起点）
駅 構 造	地上駅
ホ ー ム	2面2線
乗 車 人 員	1,402人

昭和36年

撮影：荻原二郎

⬥伊勢若松駅の駅舎

伊勢若松の駅舎。祝日を示す国旗が出入り口になびく。駅舎内には2か所の窓口。そして右手に臨時の木製ラッチ等の施設は、鈴鹿線が分岐する拠点駅であることを窺わせる。

現在

⬥伊勢若松駅の駅舎

構内の東側に建つ駅舎。駅前のカーブした道路を右手に進むと、漁港や名物のアナゴ料理を食べさせる店がある県道へ出る。

若松は大黒蛇行大夫生誕の港町

　鈴鹿線の分岐駅。現在の名古屋線が楠〜千代崎間の延伸開業で伊勢若松駅が開業した。その後、大正14 (1925) 年12月20日に伊勢鉄道神戸支線（現・鈴鹿線）が伊勢神戸（現・鈴鹿）駅までを開業し、当駅に2路線の列車が乗り入れるようになった。駅舎は構内の西側にあり、2本のホームと跨線橋で連絡している。

　当駅には特急を除く全列車が停まる。名古屋線は急行と普通が毎時上下3本。鈴鹿線は毎時2本の列車が発車する。鈴鹿線の列車が発着する番線の上り方は引き上げ線になっており、鈴鹿線の運用を終えて、回送まで待機する電車をホームから見ることができる。

　平野部を東西に延びる鈴鹿市の中でも、若松地区は漁業で栄えた町。特に近海で獲れる穴子は広く知られた特産品。駅から徒歩15分ほどの県道沿いには、地場産の穴子料理を出す店もある。また、町内には当地出身の大黒蛇行大夫に関する資料を集めた記念館や、漂流後に亡くなったものとして建立された供養塔等、ゆかりのものが残る。

海の見える岸岡山緑地の最寄り駅

　白砂の砂浜が続く、千代崎海水浴場への最寄り駅。大正5 (1916) 年1月12日、伊勢鉄道白子〜千代崎間の延伸開業に伴い終点として開設。翌年には当駅から楠駅までが延伸された。一部入母屋屋根となった、ローカル駅としては大柄な駅舎が現役で使われている。上下のホーム同士は構内踏切で連絡している。

　普通列車のみの停車駅にもかかわらず、ホームは6両編成に対応する長さを備える。これは、海水浴シーズンに急行が停車していた頃の名残。地方では自家用車で目的地に向かうのが当たり前となっている今日、電車で海水浴に出掛ける人は少数派になってしまった。

　しかし、平成3 (1991) 年に鈴鹿医療科学大学が駅の近くに設立されると、センター試験の会場となり、試験当日は受験者のために急行が停車するようになった。1年に数日だが、かつて存置された施設が活用されている。

　また、駅の白子方にある岸岡山は、「海の見える岸岡山緑地」として整備され、千代崎駅から気軽に行かれる観光スポットとなっている。

名古屋市
蟹江町
弥富市
桑名市
朝日町
川越町
四日市市
菰野町
鈴鹿市
津市
松阪市

昭和55年

◀千代崎駅付近

千代崎は鈴鹿厚生病院の最寄り駅。駅の西方600メートルの場所に医療大学を含む病院敷地が広がっている。

提供：近畿日本鉄道

昭和36年

撮影：荻原二郎

▲伊勢若松付近

伊勢若松駅付近の名古屋線を行く6441系の普通列車。旧型車の台車、駆動装置等を流用して製造された釣り掛けモーター車だった。

現在

撮影：牧野和人

▲伊勢若松付近の鈴鹿線列車

伊勢若松駅が起点の鈴鹿線は、構内を出るとすぐに西方へ大きく曲がる。3両編成の電車は、名古屋線から離れて鈴鹿市の市街地を目指す。

古地図探訪

伊勢若松、千代崎駅付近

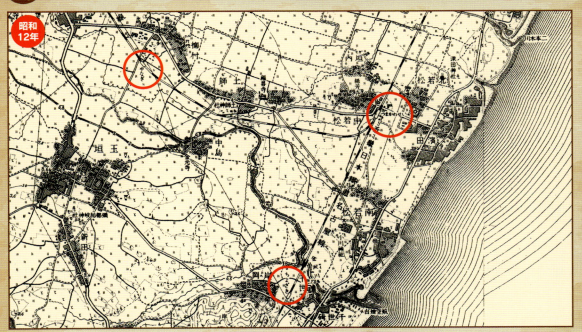

昭和12年

　北側に存在する伊勢若松駅からは、鈴鹿線が分かれており、北西の柳村には柳駅が存在している。伊勢若松駅周辺は、昭和17年に鈴鹿市が誕生する以前は若松村だったが、明治22年までは地図上に集落が見える北若松、中若松、南若松、岸岡の4村が存在していた。伊勢若松駅の西側には深田神社が鎮座している。一方、金沢川の河口付近に存在する千代崎駅の周辺には、千代崎海水浴場で知られる良質の海岸が続いており、この当時は航空燈台が置かれていた。現在は、駅の北西に鈴鹿医療科学大学の白子キャンパスが誕生し、最寄り駅となっている。

Yanagi St. / Suzukashi St.

柳、鈴鹿市

伊勢若松は漁港に近い鈴鹿線の分岐駅
アジサイの小路を横目に中心地神戸へ

【柳駅】	
開業年	大正14（1925）年12月20日
所在地	三重県鈴鹿市柳町726－4
キロ程	2.2km（伊勢若松起点）
駅構造	地上駅
ホーム	1面1線
乗車人員	132人

【鈴鹿市駅】	
開業年	大正14（1925）年12月20日
所在地	三重県鈴鹿市神戸1－1－1
キロ程	4.1km（伊勢若松起点）
駅構造	地上駅
ホーム	2面2線
乗車人員	1,789人

昭和36年
撮影：荻原二郎

現在

⚓柳駅のホーム風景
広い田園風景の中に1面の短いホームがある柳駅周辺の雰囲気は昔も今もそれほど変わりない。現在は鈴鹿市方を国道23号線が跨ぐ。

⚓伊勢神戸駅の駅舎
駅名が伊勢神戸だった時代の木造駅舎。建物の上部に白壁をあしらった姿は、小振りながら美しい。

▶伊勢若松～柳間
柳駅周辺では線路沿いに数百メートルの区間に亘ってアジサイが植えられている。梅雨の時期には色とりどりの花が咲いて車窓を飾る。

現在

◀鈴鹿市駅の駅舎
現在、鈴鹿市役所等の行政機関が集まる神戸地区の駅を「鈴鹿市駅」とした。

現在
撮影：牧野和人

　鈴鹿市内を走る全長8.2キロの近鉄鈴鹿線には、途中駅として柳、鈴鹿市、三日市の3駅が置かれている。このうち、柳、鈴鹿市駅はともに大正14（1925）年12月、伊勢鉄道神戸支線の開通時に開業している。

　田園地帯の中にあった柳駅の周辺には近年、県道553号が走る北側を中心に住宅が建つようになった。しかし、この駅は単式1面1線の駅舎がなく駅員のいない地上駅で、古いローカル駅のたたずまいを残している。鈴鹿線の中でも最も利用者は少ない。

　次の鈴鹿市駅は、鈴鹿市役所の最寄り駅であり、3階建ての立派な駅ビルを有する近代的な駅となっている。駅が開業した大正14年当時は河芸郡神戸町で、駅名は「伊勢神戸」を名乗り、神戸支線の終着駅であった。昭和38（1963）年4月、鈴鹿市～平田町間の延伸が実現し、現在の駅名に変わった。駅の構造は、相対式ホーム2面2線を有する地上駅である。なお、国鉄伊勢線が前身の伊勢鉄道には鈴鹿駅があるが、やや距離が離れているため、連絡には適さない。

　現在、鈴鹿市は人口約20万人の中規模都市であり、かつては伊勢国の国府が置かれていた歴史をもつ。また、江戸時代には東海道が通り、石薬師、庄野の宿場町が存在した。近年は、日本のモータースポーツの聖地、鈴鹿サーキットがあることで全国的にその名が知られている。

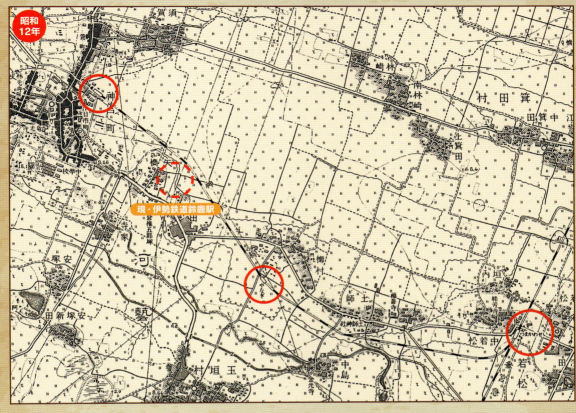

古地図探訪

柳、鈴鹿市駅付近

昭和12年

現・伊勢鉄道鈴鹿駅

伊勢若松駅から分かれた、参宮急行電鉄神戸支線（現・近鉄鈴鹿線）に柳、伊勢神戸（現・鈴鹿市）の2駅が置かれている。現在は、両駅の中間点付近に伊勢鉄道の鈴鹿駅が置かれている。その旧・国鉄伊勢線の伊勢鉄道はまだ開通していない。信仰の篤かった地域を示すように、沿線には緑芳寺、福積寺、金光寺、土師神社などの神社仏閣が多く存在している。柳駅の北西に見える、鎌倉権五郎塚は、鎌倉時代の武将で、歌舞伎などにも登場する鎌倉権五郎（平景正）ゆかりの場所とされている。現在の鈴鹿市にはこの当時、神戸町、玉垣村などが存在していた。

昭和36年

伊勢神戸駅のホーム風景

鈴鹿線の終点だった頃の伊勢神戸（現・鈴鹿市）駅のホーム。行先表示板がホーム下に掛かる。

撮影：荻原二郎

三日市、平田町

みっ か いち　　　　ひら た ちょう

終点平田町は夕刻、家路を辿る人波で賑わう
ホームの明かりに学生の笑顔が浮かび上がる

【三日市駅】

開 業 年	昭和38（1963）年4月8日
所 在 地	三重県鈴鹿市三日市2－6－1
キ ロ 程	6.2km（伊勢若松起点）
駅 構 造	地上駅
ホ ー ム	1面1線
乗 車 人 員	576人

【平田町駅】

開 業 年	昭和38（1963）年4月8日
所 在 地	三重県鈴鹿市算所3－1－1
キ ロ 程	8.2km（伊勢若松起点）
駅 構 造	地上駅
ホ ー ム	地上駅
乗 車 人 員	3,379人

現在

撮影：牧野和人

現在

△三日市駅のホーム風景

棒線駅でありながらも、背の高いホームが幹線鉄道の駅をイメージさせる三日市駅構内の表情。

◁終着の平田町駅

夜の帳が下りようとしている鈴鹿線の終点、平田町駅。明かりの着いたホームは通勤通学帰りの人影で賑わう。

　鈴鹿市内の住宅地に位置する三日市駅は、駅前に商店などはなく、バス停も存在しない。駅の開業は昭和38（1963）年4月、鈴鹿市～平田町間の延伸時である。駅の構造は単式ホーム1面1線であり、駅舎の存在しない地上駅、無人駅となっている。

　戦前には鈴鹿海軍航空基地や鈴鹿海軍工廠があり、多くの軍関係者で賑ったのが平田町周辺である。現在は跡地に旭化成、本田技研工業の工場が建ち、イオンモール鈴鹿も誕生して、さらなる賑いを見せている。その玄関口である平田町駅は、この鈴鹿線が延伸した昭和38年4月に終着駅として開業している。

　駅の構造は単式1面1線のシンプルなもので、この駅に列車が到着すると乗客の乗降を行い、そのまま折り返す形である。以前は島式1面2線の構造だったが、片側の線路は撤去され、自転車置き場などに変わっている。

　F1日本グランプリで知られる鈴鹿サーキット、鈴鹿青少年の森は駅の南側約3キロ離れた場所に存在する。鈴鹿サーキットは、ホンダ創業者の本田宗一郎の発案で昭和37年に完成し、鈴鹿8時間耐久ロードレース、ロードレース世界選手権などが開催されてきた。ホンダグループのモビリティランドが運営しており、遊園地「モートピア」鈴鹿サーキットホテルなども営業している。

コラム

幻の岐阜線

岐阜県大垣市と安八町を結ぶ揖斐川に架かる「揖斐大橋」及び大垣市と岐阜市を結ぶ長良川に架かる「長良大橋」はともに長大なトラス橋である。これらの橋梁はかつて、伊勢電気鉄道（現・養老鉄道）が岐阜〜西大垣間の鉄道敷設権を取得し、道路と鉄道との併用橋として建設された経緯がある。しかし、社会情勢の変化やモータリゼーションの進展などで計画は頓挫した。今では毎日、多くの自動車が二つの曲弦ワーレントラストの堂々たる道路橋を渡河しているが、「近鉄岐阜線」がもし、開通していたら、交通事情が大きく変わっていたかも知れない。

撮影：牧野和人

🔺平田町駅ホームの夕景

学校帰りの学生が待つ平田町のホームに当駅止まりの電車が入線。すぐに伊勢若松町行きとなって折り返す。

🚶 古地図探訪

三日市、平田町駅付近

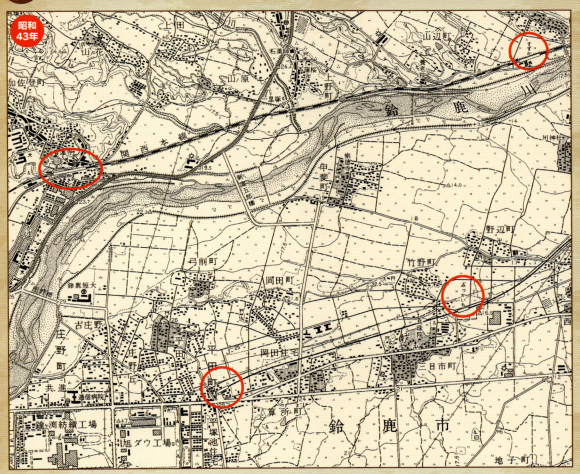

昭和43年

　ゆるやかに南へ下ってきた近鉄鈴鹿線に三日市、平田町の2駅が置かれている。平田町駅の西側には旭ダウ工場、鐘ヶ渕紡績工場が存在しているが、現在は前者が旭化成鈴鹿工場、後者がイオンモール鈴鹿に変わっている。

　三日市駅の南西には、良珠院のほか、いくつかの「卍」「鳥居」の地図記号が見えるが、これらの神社仏閣は飯野神社、如来寺、常超院、攝取院である。北側を流れる鈴鹿川には、新定五郎橋が架かっている。地図の右上（北東）、この川の北側を国鉄関西本線が走り、鈴鹿駅が存在していたが、昭和48年に河曲駅に駅名を改称している。

Shiroko St.

白子
しろ　こ

鈴鹿市の東部を走る
名古屋線に在り
特急列車が停まる市の玄関口白子駅

【白子駅】	
開業年	大正4（1915）年9月10日
所在地	三重県鈴鹿市白子駅前22−1
キロ程	52.9km（近鉄名古屋起点）
駅構造	地上駅（橋上駅）
ホーム	2面4線
乗車人員	7,845人

昭和53年

▶白子駅のホーム風景

白子駅の1番ホームは、普通列車が特急、急行を待避する定位置。5分余りの停車時間で、運転士はホームに出て姿勢を正し、優等列車を見送る。

現在

白子駅の駅舎

現在は橋上駅化されて、キスアンドライド等、駅前の整備が進んでいる白子駅。地上駅舎時代は、切妻屋根を持つ一般的な姿だった。出入り口付近の上屋が長い。

提供：近畿日本鉄道

下り一番列車は当駅で滞泊の普通列車

　鈴鹿市内に点在する市街地の一つ白子地区にある白子駅。大正4（1915）年9月10日、一身田町（現・高田本山）～白子間の開業に伴い開設。大正5年1月12日には当駅～千代崎間が延伸開業した。

　駅長所在駅で、長太ノ浦駅～白塚間と鈴鹿線を管理する。鈴鹿市内の近鉄駅では唯一特急が停車し、市の玄関口と位置付けられている。しかし鈴鹿市駅は、市役所最寄りの鈴鹿線にある。但し、行政機関や工業団地からは離れているものの、白子駅は1日当り乗降人数が市内の駅では最も多い。

　名伊特急は「しまかぜ」以外の全列車が停車する。名阪甲特急では大阪難波駅発21時の名古屋行き1本が停車する。当駅着時刻は22時33分。また、急行、普通列車の運転面でも要所になっており、特急、急行を待避す

る普通列車は、当駅で5分前後停車することがある。

　ホームでの夜間滞泊もあり、深夜に設定されている当駅止まりの普通列車は、到着後も留め置きされて翌朝の伊勢中川行き始発列車になる。なお、5時台・7時台には当駅始発の名古屋行き急行もあるが、こちらは白塚検車区から当駅まで回送した後、営業列車として発車して行く。

　駅の東側は江戸時代より海運で栄えた地域で、今日では沿岸漁業の基地になっている白子漁港、白子港がある。また、西側は国道23号線に沿って、飲食店や店舗が並んでいる。駅の西口周辺は平成22（2010）年から再開発工事が行われていた。国道とのバス進入出路やのりばの改良。キスアンドライドに対応した駐車スペースの設置等、自動車の街、鈴鹿にふさわしい駅前広場に変貌した。

昭和
39年

名古屋市

蟹江町

弥富市

桑名市

朝日町

川越町

四日市市

菰野町

鈴鹿市

津市

松阪市

撮影：荻原三郎

⚓白子駅のホーム風景

白子駅で特急列車が一般車を追い抜く情景は、現在に至るまで連綿と繰り広げられてきた。本線から直線状に続く中線を颯爽と駆け抜ける。3両編成の名古屋行き特急は、昭和38年に登場した11400系。初年度に10編成が製造され、2200系等の旧型特急用車両を置き換えていった。

🚶 古地図探訪

白子駅付近

昭和
12年

　この当時、白子町の玄関口だった近鉄名古屋線の白子駅は現在、鈴鹿市の玄関口となり、市内で最も利用者の多い駅となっている。線路の東（海）側を旧伊勢街道が走り、現在は西（陸）側を国道23号（伊勢街道）が走っている。駅の南側には、白子港が存在する。この白子港は、室町時代から繁栄し、江戸時代にはこの港から出港した大黒屋光太夫が暴風雨に巻き込まれてロシアに漂着し、10年後に帰国する事件があった。太平洋戦争中は海軍の基地となり、戦後は漁業基地となっている。駅の西側に見える三重県立河芸高等女学校は、現在の県立白子高校の前身である。

65

鼓ヶ浦、磯山、千里

海岸線に続く集落を結んだ名古屋線
延伸区間の鼓ヶ浦駅、磯山駅、千里駅

【鼓ヶ浦駅】

開 業 年	大正4（1915）年9月10日
所 在 地	三重県鈴鹿市寺家4－16－16
キ ロ 程	54.1km（近鉄名古屋起点）
駅 構 造	地上駅
ホ ー ム	2面2線
乗 車 人 員	524人

【磯山駅】

開 業 年	大正4（1915）年9月10日
所 在 地	三重県鈴鹿市磯山2－12－16
キ ロ 程	56.0km（近鉄名古屋起点）
駅 構 造	地上駅
ホ ー ム	2面2線
乗 車 人 員	867人

【千里駅】

開 業 年	大正6（1917）年1月1日
所 在 地	三重県津市河芸町上野106－2
キ ロ 程	57.9km（近鉄名古屋起点）
駅 構 造	地上駅
ホ ー ム	2面2線
乗 車 人 員	1,550人

昭和54年

提供：近畿日本鉄道

▲鼓ヶ浦駅の駅舎

海水浴場へのアクセス駅として知られた鼓ヶ浦駅も、昭和末期には近辺に新興住宅地が造成され、鈴鹿や津に勤める人達のベッドタウンという様相を呈し始めた。

昭和40年代

所蔵：津市

▶千里駅の駅舎

昭和40年代から国道を隔てた丘に大規模な宅地開発が行われた千里。街へ買い物に行く主婦が近鉄を利用した。

鼓ヶ浦海岸への最寄駅

開業時の駅名は子安観音。大正11（1922）年10月1日に鼓ヶ浦駅と改称した。寄棟づくりのゆったりとした姿の駅舎には、かつて夏の海水浴客等で増える乗降客に対応するよう、複数備えられた最札が今も残る。

上下線のホームを結ぶ跨線橋は、名古屋線のローカル駅で唯一の存在。駅名の鼓ヶ浦海岸は、東へ600メートルほどの距離にある。平成初期に800人近かった1日の乗降客数は、近年500人台にまで落ち込んでおり、平成25（2013）年12月21日に終日無人化された。

磯山駅には木造駅舎の面影

国道23号線に近い磯山駅。駅舎の外観は改修されているが、内部は窓口付近等に木造駅舎の面影が残る。上り線ホームに隣接し、下りホームとは構内踏切で連絡する。普通列車のみが停車する小駅は、平成25年12月21日

に無人化された。

駅の東側は昔からの農村集落で、海岸までは駅から500メートルほど。千里駅方には志登茂川水系の二級河川中の川が流れる。

千里駅で連絡する住宅街へのバス

千里駅は、津市近郊の住宅街、千里団地の玄関口。大正6年1月1日、伊勢鉄道伊勢上野（現・豊津浦駅と統合した豊津上野）磯山間に新設開業。大正10年10月に廃止されるが、昭和18（1943）年7月1日に関西急行鉄道の駅として営業を再開した。

現在の伊勢鉄道の伊勢上野駅とは西に1.5キロメートルほど離れている。駅近くの国道23号線にバス停があり、伊勢鉄道中瀬古駅がある太陽の街、杜の街、津駅方面へ向かう路線バスと、津市の河芸地区を循環するコミュニティバスが運転されている。

◀磯山駅の駅舎

駅舎の屋根からホーム側に
延長された上屋がすっきり
としたデザインの磯山駅。

撮影：荻原二郎

古地図探訪

鼓ヶ浦、磯山、千里駅付近

昭和12年

現・千里駅

名古屋市
蟹江町
弥富市
桑名市
朝日町
川越町
四日市市
菰野町
鈴鹿市
津市
松阪市

　伊勢湾に沿って真っすぐに延びる近鉄名古屋線に鼓ヶ浦、磯山、千里駅が存在する。このうち、鼓ヶ浦駅付近の海岸には、大正9年に開設された鼓ヶ浦海水浴場があり、美しい砂浜は「白砂青松100選」にも選ばれている。また、駅付近には子安観音（観音寺）があり、開業当初の駅名（子安観音）となっていた。一方、磯山駅の駅前にはこの当時、杉野兵曹長像が存在した。この杉野兵曹長とは、日露戦争の旅順口閉塞作戦で広瀬武夫中佐とともに戦死し、軍神と呼ばれた磯山村（現・鈴鹿市）出身の杉野孫一兵曹長で、戦前には東京・万世橋駅前にも広瀬中佐とともに銅像があった。なお、この地図上では千里駅が当時廃止されていたため記されていない。

豊津上野、白塚、高田本山

伊勢鉄道が敷設した最初の鉄道線
豊津上野駅、白塚駅、高田本山駅

【豊津上野駅】

開 業 年	昭和18（1943）年7月1日
所 在 地	三重県津市河芸町中別保1581－1
キ ロ 程	59.8km（近鉄名古屋起点）
駅 構 造	地上駅
ホ ー ム	2面4線
乗 車 人 員	725人

【白塚駅】

開 業 年	昭和19（1944）年5月8日
所 在 地	三重県津市白塚町820－2
キ ロ 程	61.7km（近鉄名古屋起点）
駅 構 造	地上駅
ホ ー ム	2面4線
乗 車 人 員	909人

【高田本山駅】

開 業 年	大正4（1915）年9月10日
所 在 地	三重県津市一身田平野369－2
キ ロ 程	64.2km（近鉄名古屋起点）
駅 構 造	地上駅
ホ ー ム	2面2線
乗 車 人 員	838人

所蔵：津市

昭和40年代

◀豊津上野駅の駅前風景

昭和50年代までは最寄りに工場があり、駅舎から溢れんばかりの勢いで通勤客が飛び出してきた朝の豊津上野駅。最盛期には年間65万人以上の乗降客があった。現在は20万人台の客足。

路線変更で遠くなった御山専修寺

　旧河芸町の中心部に建つ豊津上野駅。大正4（1915）年9月10日、伊勢鉄道一身田町〜白子間の開業時に豊津浦駅と伊勢上野駅（現在の伊勢鉄道の駅とは異なる）が開設された。

　昭和18（1943）年7月1日に2駅を廃止して、現在の場所に豊津上野駅を開業した。待避可能な島式ホーム2面4線の構内配線で、駅舎とホーム2本は構内踏切で結ばれている。

　国道23号線を隔てた駅の西側には、体育館や図書館等を備えた町民の森がある。また、駅の北西側に大規模なショッピングセンターが建つ。

白塚検車区が近い駅

　昭和19年5月4日に新設開業。同時に豊津上野〜高田本山間にあった逆川駅が廃止された。団体列車用の「あおぞらⅡ」が常駐する白塚検車区が豊津上野方にある。

　また、高田本山側には保線車両用の車庫、転車台等が設置され、小さな車両基地の雰囲気を醸し出している。

　普通列車のみの停車駅だが、検車区に出入りする車両運用の都合から当駅始発、終点の列車が設定されている。名古屋方面発着の一部列車と、賢島駅、宇治山田駅等とを結ぶ全ての普通列車は当駅で折り返す。

開業時の駅名は一身田町

　伊勢鉄道が最初に開業した区間の始発駅で一身田町駅として開業した。大正7（1918）年11月1日に高田本山と改称。

　昭和30年7月15日に江戸橋〜高田本山間がルート変更のうえ複線化され、駅は現・所在地へ移転した。その結果、駅名の由来であり、最寄りだった高田本山専修寺とは、1.5キロメートルほど離れてしまった。第三セクターの現代版、伊勢鉄道東一身田駅は徒歩7分ほどの距離にある。

⬆高田本山駅の駅舎

現所在地に移転後の高田本山駅。かつては近鉄の一般的な小駅によく見られた駅舎だった。

昭和54年

⬆白塚駅の駅舎

駅舎の津寄りには保線区の基地が設けられている。かつての終点駅付近は小さな車両基地。

昭和55年

⬆高田本山駅の駅舎

赤茶で縁取られた三角屋根は寺の装い。路線変更に伴い、駅名の寺院とは距離が離れた高田本山。

現在

⬆豊津上野駅の駅舎

前後の駅を統合して新規開業した豊津上野駅。普通列車のみの停車駅としては重厚な構えの駅舎は、現在も現役で使われている。

昭和59年

⬆豊津上野付近

豊津上野駅構内に入って来た名阪ノンストップ特急は10100系「ビスタカー」。連接車3両の軽快ないで立ちで、終点名古屋を目指す。

昭和40年

🚶 古地図探訪
富津上野、白塚、高田本山駅付近

　海岸沿いを走ってきた近鉄名古屋線には伊勢上野、豊津浦、逆川(さかがわ)、高田本山の4駅が置かれている。このうち、伊勢上野、豊津浦の両駅は昭和18年に廃止され、新たに豊津上野駅が誕生している。また、逆川駅は昭和19年に廃止され、現在の白塚駅が開業した。高田本山駅は海岸から離れ、名古屋線は内陸へ進んでゆく。この高田本山駅は大正4年に伊勢鉄道の駅として開業、当初は「一身田」の駅名だった。現在の駅名は、駅の北西に存在し、地元では「高田本山」と呼ばれる真宗高田派の寺院、専修寺に由来する。

昭和12年

現・豊津上野駅

現・白塚駅

Edobashi St.

江戸橋
えどばし

接続路線の延伸、改軌の影響を受けて
姿を消した伊勢電が建てた江戸橋駅

【江戸橋駅】	
開業年	大正6(1917)年1月1日
所在地	三重県津市上浜町3−137−1
キロ程	65.3km(近鉄名古屋起点)
駅構造	地上駅
ホーム	2面4線
乗車人員	4,959人

現在

▶江戸橋駅の駅舎

簡素な造りながら、昔の面影を残す江戸橋の駅舎。国道23号線を隔てて大学があり、朝夕を問わずホームに若者の姿を見かける機会は多い。

昭和62年

撮影：荻原二郎

◀江戸橋駅のホーム風景

一時期、名古屋線と津線の乗換駅だった江戸橋。現在も急行が停車し、地元の需要は高い。中線ホームを通過して行く特急は11400系で、行先表示を前面扉に埋め込まれた晩年の姿。

参詣路線の明暗を分けた分岐点

「三重大学前」の副駅名を持つ津市郊外の江戸橋駅。名古屋線の歴史の鍵となる駅の一つでもある。江戸橋駅は大正6(1917)年1月1日、伊勢鉄道が津市(後の部田)〜一身田町間を開業した時に途中駅として開設された。開業時は現駅よりも100メートル南側にあった。

昭和13(1938)年6月20日に参宮急行電鉄津線が津〜江戸橋間に開業。後に参急中川駅まで延伸して、当駅は津線と名古屋線の乗換駅になった。関急名古屋〜大神宮前間の列車と、上本町(現・大阪上本町)〜津間の特急電車が1日2往復接続を行い、今日の名阪特急のはしりとなった。しかし、参急はすぐに大阪線との連絡が至便な参急中川駅を、名古屋方面の列車との乗換駅にする計画を立てた。江戸橋乗り入れから僅か6か月後。標準軌だった津線を狭軌に改軌して名古屋方面との直通運転が始まった。

昭和16年には大阪電気軌道との合併で路線名が整理され、参急名古屋〜江戸橋〜参急中川間が名古屋線、江戸橋〜大神宮前間が伊勢線になる。伊勢線は、新松阪〜大神宮前が山田線との競合区間とみなされ、昭和17年8月11日に廃止。存続した江戸橋〜新松阪間も昭和34年に名古屋線が標準軌化された後、昭和36年1月22日に廃止された。

現在の江戸橋駅は、副駅名の通り三重大学の最寄りで、特に朝のホームは学生で賑わう。また当地は伊勢街道と伊勢別街道の分岐点であり、駅の東側で旧伊勢街道が折れ曲がる辺りには、永禄7(1564)年と刻まれた常夜灯が残る。志登茂川に架かる江戸橋も、木製欄干の古めかしい姿だが、こちらは昭和32年に架け替えられたもの。地場産業をアピールしている。

◀江戸橋駅の駅舎

広々とした駅前と線路と縦に面する駅舎は、かつての終点駅の名残。

提供：近畿日本鉄道

昭和
34年

🔺江戸橋駅ホーム

渋い緑の塗色は昭和30年代まで見られた一般型車両のいで立ち。車庫のある白塚行き普通は、現在も多く設定されている区間列車。

撮影：J.WALLY HIGGINS

昭和
34年

🔺江戸橋駅ホーム

名古屋行き急行が上りホームに滑り込んで来た。先頭の6401系は元特急車で、特急塗色のままで一般運用に就いている過渡期の姿。

撮影：J.WALLY HIGGINS

🚶 古地図探訪

江戸橋駅付近

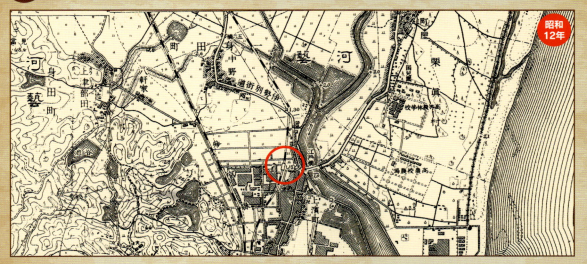

昭和
12年

　東側には伊勢湾が見え、南側へ流れる志登茂川には、駅名の由来となった江戸橋が架かっている。現在は国道23号が通り、この道路が通る新江戸橋が加わっている。一方、国鉄参宮線（現・JR紀勢線）には、一身田〜津間に駅はなく、近鉄・江戸橋駅の連絡駅は存在しない。

　また、中央部分には（旧）伊勢街道とは別に、（旧）伊勢別街道が折れ曲がりながら通っている。海側に近い場所には、（三重）高等農林学校、高農校農場などの校地が見える。この学校は国立三重大学の前身のひとつで、現在は三重大学の広いキャンパスとなっている。

名古屋市
蟹江町
弥富市
桑名市
朝日町
川越町
四日市市
菰野町
鈴鹿市
津市
松阪市

思い出の軽便鉄道（安濃鉄道、中勢鉄道）

◎安濃鉄道

　大正から昭和前期まで存在した安濃鉄道には、新町～林間の14.5キロを結ぶ本線とともに、安東・片田間の5.1キロを結ぶ片田支線が存在した。このうち、大正3（1914）年12月に新町～椋本間の路線がまず開通し、翌月（大正4年1月）に林駅まで延伸した。大正6年4月には、支線部分の安東～片田間も開通した。

　しかし、早くも大正14年11月には、椋本～林間、安東～片田間の路線が休止されている。昭和19（1944）年1月には、不要不急路線として全線が休止。昭和47年8月に廃止された。この安濃鉄道は最後まで非電化の狭軌線（762ミリ）であった。

◎中勢鉄道

　この中勢鉄道は、明治後期から昭和前期にかけて、岩田橋～伊勢川口間の20.6キロを結んでいた軽便鉄道である。明治41（1908）年11月、大日本軌道伊勢支社の路線として、久居～聖天前間が開通し、その後に路線を延ばして、大正9（1920）年2月に中勢鉄道の路線となった。

　当初は蒸気動力（SL）による運転だったが、途中から気動車が導入されていた。中勢鉄道は、軌間762ミリの狭軌線であり、電化されることはなく、速度が遅いために他社線との競争に敗れて、昭和18（1943）年2月に廃止された。

安濃鉄道

大型のディーゼルエンジンが開発される以前の大正から昭和初期。地方鉄道の内燃動力車といえばガソリンカーだった。

安濃鉄道

黎明期の軽便鉄道では、小型の蒸気機関車が活躍した。オーレンシュタイン・ウント・コッペル社製のタンク機はその代表格。

昭和13年

撮影：牧野俊介

昭和13年

撮影：牧野俊介

中勢鉄道

ガソリンエンジンを収めた細身のボンネットに鋼製の車体を載せた中勢鉄道の単端車。開閉できる前面の窓が目を引く。

中勢鉄道

中勢鉄道の名物機だった21形蒸気機関車。ボイラー部が極めて低く、特徴的な形状の煙突から「へっつい」と呼ばれた。

昭和13年

撮影：牧野俊介

昭和12年

撮影：牧野俊介

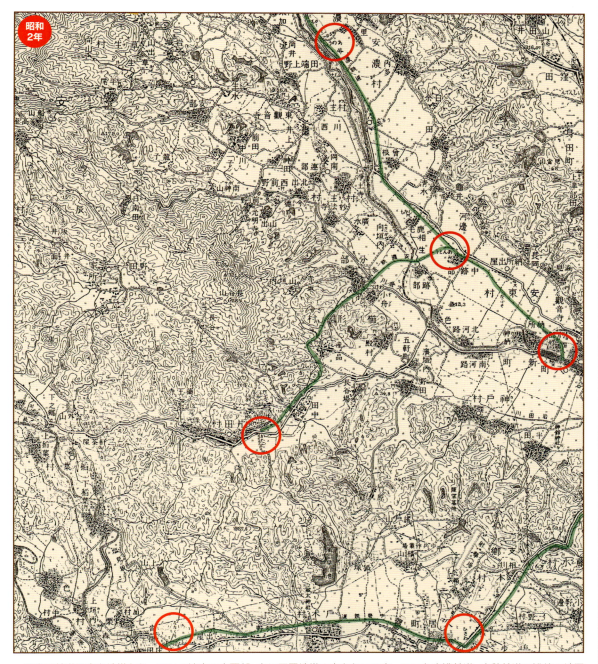

　現在は鉄道の空白地帯となっている津市の中西部、主に田園地帯の中をかつて走っていた安濃鉄道、中勢鉄道の沿線の地図である。北側を走る安濃鉄道は、地図の中央右（東）側に見える新町駅を起点にして、本線が北西に延びており、安東駅から支線が分かれている。本線は安東駅から先に、鹿毛、曽根、内多、安濃駅と続き、最終的には地図外の林駅に至っていた。一方、安東駅から分かれた片田支線は南西に進んでゆき、跡部、分部、産品（うぶしな）、志袋駅を経由して、片田駅が終着駅となっていた。起点駅である新町駅は、他線とは連絡しておらず、紀勢本線の一身田駅方面への延伸計画もあったものの、実現しないままに全線が廃止となっている。

　一方、現在は近鉄名古屋線の駅となっている「久居」からは、東北と西の両側に中勢鉄道の路線が延びており、相川、寺町、万町、戸木、羽野、大師前、七栗駅などが見える。起終点駅の岩田橋、伊勢川口駅はともに地図外に存在していた。この当時、久居駅の東側には、陸軍の歩兵第33連隊が存在しており、地図には丸の中に★がある地図記号が見える。この地は現在、陸上自衛隊久居駐屯地に変わっている。現在の近鉄名古屋線は、中勢鉄道が延びていた西側ではなく、桃園駅がある南側に延びている。

73

Tsu St.

津
つ

駅名は一文字でも乗り入れる鉄道は
3路線　乗務員交代が行われる津駅

【津駅】

開 業 年	昭和7（1932）年4月3日
所 在 地	三重県津市羽所1191－1
キ ロ 程	66.5km（近鉄名古屋起点）
駅 構 造	地上駅（一部橋上駅）
ホ ー ム	1面2線（JRは除く）
乗車人員	14,995人

昭和
40年代

提供：津市

◀津駅

「伊勢は津でもつ　津は伊勢でも
つ」と歌われた歴史都市、県庁所在
地の玄関口にふさわしい堂々たる風
貌の津駅。駅ビルに変わる前、白壁
の土蔵造りの駅舎だった。

▼津駅のホーム

待避設備をもたない津駅でも、時
には列車の時間調整が行われる。
ホームに15200系「新あおぞら
II」が5分ほど停車した。

平成
18年

撮影：岩堀春夫

◀津駅の駅舎

護国神社が建つ西口に面し
た近鉄側の構内は、昭和40
年代に橋上化された。

現在

撮影：牧野和人

1面のホームが県庁所在地の玄関

　三重県の県庁所在地である津市の鉄道玄関口。県庁にほど近い市街地の北部にあり、JR紀勢本線、伊勢鉄道（現存する第三セクター鉄道）津駅と並んでいる。

　参宮急行電鉄が津線津新町～津間で開業した昭和7（1932）年4月3日に開設された。昭和13年6月20日に津～江戸橋間が開業して途中駅になる。ホームは1面2線のシンプルな構造で、上下線とも8両編成に対応している。かつては、ホームの幅は今よりも狭かったが、平成4（1992）年に構内の改良工事が実施された際、隣接するJR東海の貨物側線跡を譲渡されて拡幅した。

　近鉄の駅では四日市に次いで2番目の乗降者数を誇る当駅では、広くなったホームでも朝夕の時間帯には乗降客で埋まることも珍しくない。しかし、喫煙所が置か

れたホームの先端部まで行くと、並べられた椅子に人が座ることもなく、階段のある中央部に比べて閑散としている時間帯が多い。ホームの拡幅と時期を同じくして、昭和40年代から駅利用者に愛されてきた、立ち食い蕎麦のスタンドは閉店してしまった・

　ホームに被さる橋上駅舎は、改札内の跨線橋でJR駅と繋がっている。普段、跨線橋内に連絡改札等は設けられていないが時折、JR線ホームへ降りる手前に改札が設けられ、切符の確認作業等が行われている。

　なお、近鉄とJR構内を結ぶ通路は改札内の跨線橋のみ。改札外で近鉄とJRの線路が並ぶ東西を行き来するには、津新町駅方に架かる歩道橋か、その先の踏切を渡らなくてはならない。

古地図探訪

津、津新町駅付近

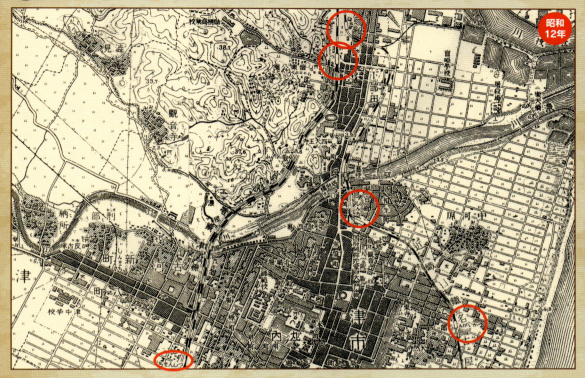

昭和
12年

この地図の左（西）側を参宮急行電鉄津線（現・近鉄名古屋線）と国鉄紀勢線が走り、海（東）側には近畿日鉄名古屋伊勢線が延びており、部田、津新地、津海岸駅が置かれている。現在の伊勢線とは異なる、伊勢鉄道にルーツをもつ（名古屋）伊勢線は、近鉄線の一部となった後、昭和36年に廃止されている。

津駅の南側に見える三重県庁の位置は現在とは異なっている。また、その東側を走る道路は、伊勢街道から発展した国道23号である。津の市街地を横切るように流れる安濃川には、塔世橋、楽天橋が架かっている。

「しまかぜ」以外の列車が停車する

平成15年3月のダイヤ改正で、これまで近鉄名古屋〜鶴橋間をノンストップで運行していた名阪甲特急が全て津駅で停車するようになった。津駅を利用する乗降客の利便性が向上したとともに、名古屋線他列車との連絡乗り換え駅としての機能が加わった。乗り換えについては構内放送でも案内されている。

余談ながらこの乗り換え方法は昔、名古屋から誤ってノンストップ特急に乗車した客を、江戸橋駅でドア扱いせずに臨時停車させて下車してもらい、後続の列車に乗せたという救済措置にも似ている。停車駅が津ではなく江戸橋というのが味噌だ。

また、それまで中川短絡線上の車内で行われていた甲特急の乗務員交代も、当駅で行われるようになった。なお、津駅での乗務員交代は名阪甲特急以外の列車でも行われている。

津市内でも丸の内界隈の繁華街より北に離れた場所に造られた津駅周辺は、交通の拠点としては賑やかではなかった。しかし、昭和40年代に入って旧国鉄の駅舎がショッピングセンター等の入った駅ビルになり、近鉄の駅舎が橋上化された頃から、駅前に飲食店、商店が目立つようになった。

津市ならではの料理に津餃子がある。当初は学校給食として出されていたものを、街中の食堂で出すようになったのは20年ほど昔のこと。津餃子とは、直径15センチの餃子の皮で餡を包んだ揚げ餃子で、津市の教育委員会が昭和60年に考案した。津駅の界隈で提供している店が見当たらないとの声もあったが、最近では津駅ビルチャムの中で、メニューに入れている飲食店が登場した。

Tsu-shimmachi St. / Minamigaoka St.

津新町、南が丘

名古屋方へ列車が発車する津新町駅
住宅地開発とともに出現した楠ケ丘駅

【津新町駅】

開 業 年	昭和6（1931）年7月4日
所 在 地	三重県津市新町1－5－35
キ ロ 程	68.8km（近鉄名古屋起点）
駅 構 造	地上駅
ホ ー ム	2面3線
乗 車 人 員	6,651人

【南が丘駅】

開 業 年	平成元（1989）年4月28日
所 在 地	三重県津市垂水東焼尾2612－59
キ ロ 程	71.5km（近鉄名古屋起点）
駅 構 造	地上駅（橋上駅）
ホ ー ム	2面2線
乗 車 人 員	1,611人

昭和40年代

提供：津市

● 津新町駅

昭和40年代に駅ビルが出現した津新町駅。自動改札機の導入も周辺の駅では早かった。駅前付近には映画館や飲食店が集まり、丸の内等、市の中心部へ続く賑やかな通りが続いていた。

現在

● 津新町駅

駅舎の背後に高層マンションが建ち、駅周辺は歓楽街から居住地区へと性格を変えた。

市内に広がる繁華街への最寄り駅

　津市の繁華街、丸の内の最寄り駅。津寄りの踏切から国道23号線まで、商店街が続いている。当駅は昭和6（1931）年7月4日に参宮急行電鉄津線の久居～津新町間開業で開設された。翌年には津線が津市まで延伸され、途中駅になった。当駅で折り返す普通列車もあり、駅の規模は隣の津駅よりも大きかったが、平成4年4月1日に津駅が改良工事を終えたのを機に、当駅に代わって駅長所在駅になった。

　3線あるホームのうち、3番線は伊勢中川方に車止めがある行き止まり。当駅止まりで折り返し、白塚、四日市、名古屋行きの普通列車が発車する。特急以外の全ての列車が停車する。名古屋方面への特急に乗車する際には、当駅で特急券を購入し、急行で津駅まで行き、すぐ後続の特急に乗り換えることができる。

　津新町駅の界隈は昭和50年代までは駅前に封切り映画の掛かる映画館があり、歓楽街の一画として活況を呈していたが、昨今ではシャッターを閉めたままの店が散見される、少し寂しい街になっている。

築堤上に造られた2面2線の駅

　名古屋線で最も新しい駅は平成元（1989）年4月28日開業。津新町～久居間の中ほどは元々、木々が生い茂る静かな丘だった。昭和末期に近鉄が周辺の丘陵地を大規模住宅地「津南が丘住宅地」として開発した。新興住宅地へのアクセス手段として、名古屋線が通っていた丘の東端に新駅を設置した。命名に当たっては、従来の「青谷」よりも明るい丘の雰囲気を持たせるべく「南が丘」と決定した。

　周辺の土地開発では思い切った丘の掘削が行われた。当駅の津新町駅方で県道を跨ぐ部分は、かつて線路際まで斜面が迫り、山間部の様相を呈していた。しかし、土地造成が施工されると、木々はことごとく取り除かれ、平らで広大な住宅地が出現した。

　一日当たりの平均乗降人員は開業当初の千人前後から始まり、毎年右肩上がりで微増している。平成26年の記録は1,611人。普通列車のみの停車駅だが、久居駅、津駅方面への路線バスが駅前から発着している。

撮影：荻原二郎

⛰ **津新町駅のホーム風景**

桑名行きの普通列車。現在は設定のない区間列車だ。車両は名古屋線で急行運用に活躍した6501形。

🚶 古地図探訪　　　　　　　　　南が丘駅付近

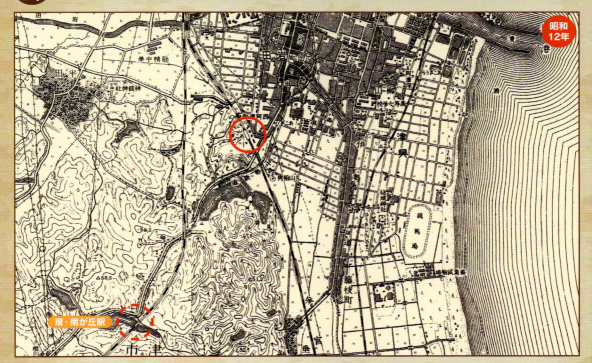

昭和
12年

現・南が丘駅

地図の上（北）側を岩田川が流れ、津の市街地がこの南側まで広がっている。参宮急行電鉄津線（現・近鉄名古屋線）には、津新町駅が置かれているが、南が丘駅は平成元年の新設駅のため、地図上には見えない。
　一方、国鉄紀勢線には阿漕駅がある。また、廃止された（名古屋）伊勢線には阿漕浦、結城神社前駅があった。阿漕駅の南側にあるのは、岩田池である。この付近の駅名、地名となっている「阿漕」は、和歌に詠まれた後、能の「阿漕」などで一般に知られるようになり、現在は「しつこい」「ずうずうしい」などの意味で使用されている。

Hisai St. / Momozono St.

久居、桃園
ひさい　もも　ぞの

朝夕には特急列車も停車する久居駅
丘陵の中に佇む小さな小さな桃園駅

【久居駅】

開 業 年	昭和5（1930）年5月18日
所 在 地	三重県津市久居新町994−6
キ ロ 程	74.0km（近鉄名古屋起点）
駅 構 造	地上駅（橋上駅）
ホーム	2面2線
乗車人員	5,787人

【桃園駅】

開 業 年	昭和5（1930）年5月18日
所 在 地	三重県津市牧町375
キ ロ 程	75.5km（近鉄名古屋起点）
駅 構 造	地上駅
ホーム	2面2線
乗車人員	174人

提供：近畿日本鉄道

昭和57年

昭和50年代

所蔵：津市

🔼久居駅
平成9年に橋上駅舎に変わる前、昭和50年代の地上駅舎時代の久居駅である。三重県道114号に面した西口からは、多くの路線バスが発着していた。

🔽久居駅のホーム風景
上屋の装飾等に良き時代の雰囲気を色濃く残すホームへ、金属製の行先表示板を掲げた急行が入線して来た。当時の久居は特急の通過駅だった。

軽便鉄道の駅が三重県の鉄道発祥地

　駅に旧市の名前が残る。久居駅を最初に開業したのは、中勢鉄道の前身となった大日本軌道伊勢支社だが、参宮急行電鉄が当地へ津線を延ばしたのは、昭和5（1930）年5月18日のことだった。昭和18年に中勢鉄道が廃止されてからは、名古屋線（旧・津線）の単独駅になった。

　長らく急行以下の列車のみが停車していたが、昭和54（1979）年3月1日より特急列車の一部が停車するようになった。停車する列車は、朝夕の名伊乙特急に限られる。また、当駅から上り特急に乗車する場合も津新町駅同様、駅で特急券を購入した上で、先行する急行で津駅まで行き、後続の特急に乗り換えることができる。

　駅の西口には、再開発事業で建設されたバスターミナルがある。かつて駅舎があった東口には、駐車場が整備され、その向こうには陸上自衛隊久居駐屯地の構内が広がっている。また、忠犬ハチ公と飼い主の上野英三郎の像が設置されている。上野は一志郡本村（後の久居市、現在の津市久居元町）出身の農業土木学者。

名古屋線で唯一切符が買えない駅

　三重県中部を流れる雲出川（くもずがわ）がつくり出した段丘上にある小さな駅。昭和5（1930）年5月18日に参急中川〜久居間の開業に伴い開設され、平成13（2001）年3月1日に無人化された。普通列車のみが停車。駅舎は上り2番線の伊勢中川方にあり、1番線とは構内踏切で結ばれている。

　当駅には名古屋線で唯一、自動券売機が設置されておらず、電車に乗る際は駅備え付けの発行機から取得した乗車駅証明書を、車内で乗務員に見せて、乗車券を購入することになる。また、ワンマン運転の普通列車では、ドアを運転席側の1か所のみ開いて、降車時集札が行われる。その際は乗車口も1か所となる。

　一日の平均乗車人員数は近年、170人から180人前後で推移してあり、名古屋線内では最も利用者の少ない駅になっている。

　駅周辺は西側に牧町の集落、東側は畑地になっている。また、伊勢中川駅方には、33.5パーミルの下り急勾配が控える。切通し区間を電車は軽快に駆けて行く。

平成21年

撮影：牧野和人

⌂桃園付近

桃園駅から急勾配を駆け下りると、線路は右に大きく曲がる。4両編成の「楽」が顔を出した。

⌂桃園駅の駅舎

雲出川の段丘地にある津市牧町は昔からの農家集落。その奥まった場所に桃園駅はある。小さな木造駅舎の横に設けられたラッチは、民家の玄関先にある木戸口のようだ。

提供：近畿日本鉄道

▶桃園～伊勢中川間

名古屋線用として昭和47年から製造された1000系。昭和55年から冷房化改造を施された。

平成8年

撮影：岩堀春夫

🚶 古地図探訪

久居、桃園駅付近

昭和12年

　地図上に見える久居町に久居駅、桃園村に桃園駅が置かれている。久居町と桃園村は合併し、久居市となった後の平成18年に、今度は津市と合併して、現在では津市の一部となっている。南側には雲出川の流れがあり、やがて伊勢湾に注ぐことになる。中央右（東）側に見える高茶屋村には、明治26年に参宮鉄道の高茶屋駅が開業し、現在はJR紀勢線の駅となっている。この当時、久居駅には中勢鉄道が通っており、岩田橋～伊勢川口間を結んでいたが、昭和18年に廃止されている。久居駅の西側には、野辺野神社、天然寺が存在している。

Ise-Nakagawa St.

伊勢中川

名古屋線の起点にして大阪線の終点
近鉄の3つの幹線が乗り入れる伊勢中川駅

【伊勢中川駅】

開 業 年	昭和3(1930)年5月18日
所 在 地	三重県松阪市嬉野中川新町1−93
キ ロ 程	78.8km（近鉄名古屋起点）
駅 構 造	地上駅
ホ ー ム	5面6線
乗 車 人 員	3,855人

現在

🔺伊勢中川駅

平成16年に地下に改札口、コンコースをもつ地上駅となった伊勢中川駅。駅舎の外観も新しくなった。

昭和62年

撮影：荻原二郎

🔺伊勢中川駅のホーム風景

1、2番ホームには当駅を始発終点とする普通列車が発着する。1番は宇治山田方面、2番は名古屋方面への列車が発車し、逆方向への列車が短い時間で、しばし顔を合わせる。

平成15年

撮影：岩堀春夫

🔺伊勢中川駅のホーム風景

1本の線路をホーム2本が挟む伊勢中川駅の列車のりば。到着した列車の両側扉が開き、隣のホームに停まった列車との乗り換えを至便にしている。

3方向へほぼ同時に延びた鉄道線

　大阪線、名古屋線、山田線が集まる近鉄幹線の拠点。駅長所在駅で、大阪線の当駅〜東青山間と山田線の当駅〜東松坂間を管理する。

　昭和5(1930)年5月18日、参急中川〜松阪間と、参宮急行電鉄津線参急中川〜久居間の開業で、参急中川駅として開業。同年11月19日には、後に大阪線となる当駅〜佐田（現・榊原温泉口）駅が開業した。

　昭和16(1941)年3月15日、大阪電気軌道が参宮急行電鉄を合併して関西急行鉄道が発足。それを機に伊勢中川駅と改称した。同時に所有路線名が整理され、当駅を境に大阪方面が大阪線。宇治山田方面が山田線。津線は江戸橋駅以北の名古屋伊勢本線と統合して名古屋線になった。

　当時、名古屋線と大阪線の乗り換えは当駅で案内されており、発足時には標準軌（線路幅が1435mm）だった軌間（同1067mm）を狭軌にしてまで名古屋伊勢本線との一本化を図った津線が、名古屋線に組み入れられるのは必然だった。しかし、昭和34年の伊勢湾台風による被災を機に、兼ねてより準備が進んでいた名古屋線の標準軌化はより加速した。被災した年の11月19日には、当駅〜久居間が改軌され、11月27日には全区間の標準軌化が完成した。伊勢中川駅構内も久々に全てのホームに敷かれた線路が標準軌になった。

　3路線が全て標準軌になると、名古屋線と大阪線、山田線との直通運転が始められた。名古屋線と大阪線の直通列車は、両路線ともに一旦伊勢中川駅に入り、スイッチバックするかたちで他の路線に乗り入れる運転方式をとっていた。時の新鋭車両は10100系「ビスタカー」。伊勢中川駅のホームに並ぶ姿は壮観だったと伝えられている。

伊勢中川～桃園間

標準軌路線の中では最古参の特急用車両になった12200系。スナックカーの流れを汲むデザインをいつまで見られるだろう。

昭和23年

撮影：牧野和人

伊勢中川～桃園間

上り急行列車の名古屋方には、ロングシート車2両が連結されている場合が多い。後ろ4両がクロスシート車だと乗る車両に迷う。

平成15年

撮影：岩堀春夫

伊勢中川駅

女子生徒が集まっている伊勢中川駅の駅前風景。トタン屋根の木造駅舎だった頃の姿である。

昭和40年

撮影：荻原三郎

古地図探訪
伊勢中川駅付近

現在の近鉄名古屋線、大阪線、山田線の分岐点となっている駅はこの当時、参急中川駅の駅名で、昭和16年に駅名を改称している。駅の付近には中村川の流れがあり、三重県道24号に小川橋が架かっている。また、周辺は現在、松阪市の一部となっているが、この当時は中川村だった。地図でもわかるように、この参急（伊勢）中川駅では名古屋線、大阪線の間でスイッチバックの運転が行われていたが、昭和36年に中川短絡線が開通してその不便さは解消された。南西側を走る国鉄名松線には、連絡できる駅は存在しない。

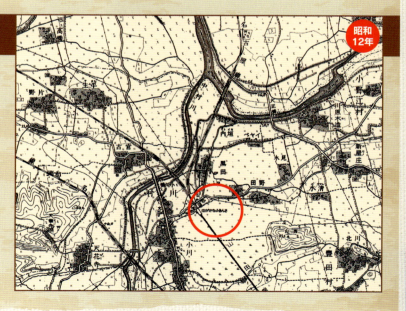

昭和12年

名伊特急から途中下車してみたい名駅

宇治山田駅
山田線の終点宇治山田は、鳥羽線が開業するまで大阪、京都、名古屋からやって来る特急、急行列車の文字通り高架上の終着駅だった。

撮影：荻原二郎

名古屋線から続く伊勢志摩への路

松阪商人発祥の地。松阪駅から近鉄電車に乗って、あきんど達は西へ東へと駆け回ったのだろうか。当駅始発終点の列車本数は多く、早朝の一番列車は、明星検車区から回送されて来る。松阪牛は街一番のごちそう。駅前にも可愛いサイズの黒毛和牛がそこかしこにいる。

駅舎が改築された伊勢市駅

伊勢神宮外宮最寄りの伊勢市駅。平成25(2013)年に執り行われた第62回式年遷宮を前に、駅舎が白木づくり風に改築された。近鉄口は構内東側にひっそりとある。隣の宇治山田駅までは僅か600メートル。高架橋を大きなカーブを描きながら渡って行く。

特急街道の松阪駅、伊勢市駅、宇治山田駅

重要文化財に指定された駅舎が現役で使用されている宇治山田駅。テラコッタ(焼き物)をあしらった壁面は、時代を超えておしゃれ。鳥羽線の開業までは山田線の終点で、ここから志摩観光へ向かう乗客は、高架ホームに横付けされたバスに乗り込んで、島めぐりの旅に向かった。

海辺の遊び場、鳥羽駅

水族館にイルカ島、真珠島など鳥羽駅は海辺の観光地の玄関口。近鉄の駅は昭和4(1929)年に開業した志摩電気鉄道が始祖になる。昭和45年に鳥羽線が全線開業して、名古屋、大阪から特急が乗り入れるようになった。

真珠の都、賢島駅

真珠養殖で栄えた小島の中にある志摩線の終点賢島駅。大阪、京都、名古屋から到着した3本の「しまかぜ」がホームに並ぶ様子は壮観。駅近くの港から遊覧船「エスペランサ」に乗って、英虞湾めぐりの小航海を楽しみたい。

82

撮影：荻原三郎

▶賢島駅

賢島駅は志摩線が鳥羽線、山田線と繋がり、特急列車の終点になると、構内を拡大した。新駅舎は従来の構内より高い丘の上に造られたが、志摩電以来の旧駅舎もしばらくは併用された。

コラム

近鉄伊勢線

◎近鉄伊勢線

近鉄伊勢線は、昭和36（1961）年1月に廃止された、江戸橋～新松阪間を結んでいた全長20.6キロの路線である。伊勢湾に面した海岸沿いを走り、戦前においては、新松阪駅からさらに南進し、伊勢市（旧・宇治山田市）内の大神宮前駅まで延びていた。

この路線は大正6（1917）年に設立された伊勢鉄道（初代）が起源で、伊勢電気鉄道時代の昭和5（1930）年12月に全線が開通した。その後、ライバルだった参宮急行電鉄の路線の一部となり、関西急行電鉄時代の昭和17年8月に新松阪～大神宮前駅が廃止された。昭和19年3月、会社合併により近鉄の路線となっていた。

現在

◀伊勢市駅

外宮の参道に近いJR参宮線の伊勢市駅舎。改札口は近鉄と共用で、近鉄のりばとを結ぶ構内の跨線橋には連絡改札等が設けられていない。

昭和52年

撮影：荻原三郎

▲鳥羽駅のホーム風景

奈良線の特急車として活躍した680系は晩年を志摩線のローカル運用で過ごした。クロスシートに青みがかった客室窓等は、例え普通列車であっても特別な車両という雰囲気を残していた。

現在

▲宇治山田駅

宇治山田駅舎は大正、昭和の建築家久野節の設計で昭和6年竣工。平成13年に国の登録有形文化財に指定された。

現在

▲賢島駅

賢島駅の旧駅舎、ホーム等は平成5年9月21日に使用を停止。普通列車も構内上方の新ホーム発着になった。

平成
25年

⛰50000系「しまかぜ」

鳥羽線宇治山田～五十鈴川間を行く50000系「しまかぜ」。1日3往復設定されている列車のうち、1往復が近鉄名古屋～賢島間を結ぶ。名古屋線内では、近鉄四日市駅が唯一の停車駅。運行を開始してから3年を経た現在でも、チケットを取りづらい人気列車のひとつである。

30000系ビスタカーⅢ世

平成
24年

10000系以来の2階建て車両「ビスタカー」の伝統を引き継ぐ30000系は、「ビスタカーⅢ世」愛称をもつ。お伊勢参りを楽しんだ観光客を乗せて宮川を渡り、一路名古屋へ向かう。

20000系「伊勢志摩ライナー」

鳥羽市の海沿いを走る23000系「伊勢志摩ライナー」。賢島を目指す観光特急は名古屋線でも目立つ存在。太陽をイメージしたサンシャインレッドと、陽光をイメージしたサンシャインイエローで塗装した２種類の編成がある。

名古屋市

蟹江町

弥富市

桑名市

朝日町

川越町

四日市市

菰野町

鈴鹿市

津市

松阪市

追突注意

撮影：牧野和人

三重交通回想（松阪線・神都線・志摩線）

かつて、伊勢市（旧・宇治山田市）内を走っていた路面電車が、三重交通の神都線である。山田（現・伊勢市）駅前を起点にして、内宮線と二見線が存在した。その起源は、明治36（1903）年に開業した宮川電気にさかのぼり、伊勢電気鉄道となった後、三重合同電気、合同電気、神都交通などをへて、昭和19（1944）年2月に三重交通の路線となっていた。

このうち、内宮線は山田（伊勢市）駅前（駅）から本町、外宮前、（近鉄）宇治山田駅前、古市口（駅）などをへて内宮前（駅）に至る路線である。一方、二見線は古市口（駅）と二見駅を結んでいた。沿線には、伊勢・二見観光の名所が点在し、多くの利用客があったが、昭和34（1959）年9月の伊勢湾台風の被害を受け、一時休止した後、昭和36年1月に廃止されて、バス輸送に変わった。

同じく三重交通の路線だった松阪線には、松阪～大石間の大石線（本線）と平生町～大口間の大口線（支線）が存在し、両線を合わせて、20.2キロの路線を有していた。

明治後期に設立された伊勢軽便軌道（松阪軽便軌道）を起源として、大正元（1912）年8月に松阪軽便鉄道により、松阪～大石間が開業している。その後、松阪鉄道、松阪電気鉄道と社名が変わり、全面が電化した後の昭和19年2月に三重交通の路線となっていた。昭和23年1月に大口線が休止、昭和39年12月に全線が廃止された。

志摩線は昭和4（1929）年、志摩電気鉄道の手により鳥羽～賢島、さらに貨物駅の真珠港まで開通した。軌間は狭軌で、その後、三重交通の一員となり昭和45年に近畿日本鉄道に合併された。近鉄は志摩方面への特急直通化を図るべく改良工事に着手し、昭和45年、標準軌化への改軌工事が完了した。

昭和34年

▶松阪線

モニ201形とサニ421形。小さな電車が山間の築堤を走る。松阪～大石間は昭和2年に電化されたが、後に国鉄紀勢東線の開業で競合区間が生じたこともあり、廃止の運命をたどった。

撮影：J.WALLY HIGGINS

昭和39年

◀松阪線

大石行きの列車が停まる三重電気鉄道松阪駅のホーム。路線の廃止後、跡地は三交百貨店となり、その店舗も平成18年に閉店した。

撮影：荻原二郎

◎神都線

国鉄伊勢市駅前から外宮まで続く参道に、神都線の路面軌道があった。線路の途切れた先は駅前広場で、その奥に伊勢市駅舎が建つ。年末年始ともなれば、電車は鈴なりの客を乗せて走った。

◀神都線

神都線では上下線が分かれる伊勢市駅前〜宇治山田前において、外宮近くを通る路線を下りとし、宇治山田駅に近い位置を通る路線を上り線とした右側通行で運行していた。

◎志摩線

近鉄志摩線の前身となった三重交通志摩線。志摩電気鉄道としての発足時には、旅客輸送とともに真珠等、貨物の運搬も重要な事業だった。

◎志摩線

潮風に吹かれて鳥羽駅に佇むモニ550形は、志摩電時代に新製された元10形。側面の丸窓が特徴だった。

牧野 和人（まきの かずと）

昭和37年三重県生まれ、写真家。京都工芸繊維大学卒。幼少期より鉄道の撮影に親しむ。平成13年より生業として写真撮影、執筆業に取り組み、撮影会講師等を務める。企業広告、カレンダー、時刻表、旅行誌、趣味誌等に作品を多数発表。月刊「鉄道ファン」誌では、鉄道写真の可能性を追求した「鉄道美」を連載する。臨場感溢れる絵づくりをもっとうに四季の移ろいを求めて全国各地へ出向いている。

【写真提供】

近畿日本鉄道株式会社

J.WALLY HIGGINS、岩堀春夫、荻原二郎、牧野和人、牧野俊介、

桑名市中央図書館、菰野町、津市、弥富町、四日市市立博物館、朝日新聞社、フォト・パブリッシング

【絵葉書提供】

生田 誠

近鉄名古屋線　街と駅の1世紀

発行日 ………………2016年9月5日　第1刷　　※定価はカバーに表示してあります。

著者 …………………牧野和人
発行者 ………………茂山和也
発行所 ………………株式会社アルファベータブックス
　　　　　　　　　　〒102-0072　東京都千代田区飯田橋 2-14-5 定谷ビル
　　　　　　　　　　TEL. 03-3239-1850　FAX.03-3239-1851
　　　　　　　　　　http://ab-books.hondana.jp/

編集協力 ……………株式会社フォト・パブリッシング
デザイン・DTP ………柏倉栄治
印刷 …………………モリモト印刷株式会社